Je bent niet alleen

boekerij.nl

Isa Hoes & Merlijn Kamerling

JE BENT NIET ALLEEN

Hoe ga je om met het verlies van een dierbare?

BOEKERIJ

Opgetekend door Matthijs Kleyn

ISBN 978-90-225-9501-5
ISBN 978-94-023-1883-8 (e-book)
NUR 320

Omslagontwerp: DPS Design & Prepress Studio, Amsterdam
Portretfoto's Isa & Merlijn: © Mark Uyl
Zetwerk: Elgraphic

Deze uitgave kwam tot stand dankzij bemiddeling van Sebes & Bisseling Literary Agency te Amsterdam.

INHOUD

VOORWOORD

ISA

Soms gebeurt er in je leven iets heel verschrikkelijks. Je partner wordt ziek en overlijdt, je verliest een dierbare tante. Of door een speling van het lot moet je ineens beslissen over leven of dood. Hoe ga je om met die grote gebeurtenis en de effecten daarvan? Op jouw leven, dat van je gezin, je kinderen. Bij ons was dat het verlies van mijn grote liefde en de vader van mijn kinderen. Ons vangnet op dat moment was gigantisch. Van lieve familie en vrienden tot zelfs wildvreemden die heel onverwachte warme reacties gaven. Dat was hartverwarmend en zorgde ervoor dat ik weer even door kon – naast het feit dat ik door móést voor mijn kinderen. In mijn meest verdrietige momenten was dat echt een grote steun.

Waar Vlinder, vijf jaar oud toen, het liefst 'gewoon' door wilde gaan met leven en geen verdriet van mij kon zien, was de rouwperiode voor de elfjarige Merlijn heel ingewikkeld. Al die liefde en aandacht van de mensen om ons heen werkte voor hem soms verstikkend. Hij wilde vooral met rust gelaten worden, hij kon toen nog helemaal niet dealen met zijn emoties.

Maar uiteindelijk, met of zonder hulp, moet je erdoorheen! Elke dag zul je een reden moeten vinden om op te staan, om de dingen te doen die gedaan moeten worden, om de zin van het leven weer te vinden, om grote en kleine beslissingen te nemen voor de toekomst, om de feestdagen door te komen, vakanties te regelen, verjaardagen te vieren en ga zo maar door. En dan noem ik alleen nog maar de highlights uit een leven. Iedere dag is er wel iets waarvan je denkt, eh... wat moet ik hiermee? Wat nu? Hoe zou hij dat gedaan hebben? Kan ik dit en wat is dan de juiste keuze?

Ik ben iemand bij wie het glas niet alleen halfvol is, maar vaak zelfs bijna vol. Merlijn daarentegen ziet misschien eerder hoe leeg het is. Wat de waarheid is? Die is voor iedereen verschillend. Daarom is het ook zo lastig om te zeggen: zó moet je omgaan met verlies. Want mijn weg was niet Merlijns weg en misschien al helemaal niet jouw weg. Maar toch durf ik wel te zeggen dat het boek dat je nu in je handen hebt een kleine houvast kan zijn. Omdat wij alweer een ruime tien jaar verder zijn. Omdat we al allerlei keuzes hebben gemaakt die soms fantastisch waren en soms ronduit fout. Wij hebben onszelf en elkaar inmiddels wel vergeven voor wat we fout hebben gedaan, voor wat we niet hebben gedaan en voor wat we hadden willen doen maar niet durfden. Je zult zien, ook jij gaat je eigen weg bewandelen. Die zal je de goede kant op sturen, en ook al zal die weg heel veel hobbels en bochten kennen, je zult merken dat je doorloopt. De goede kant op. De kant van weer doorkunnen. Want dat is wat ons betreft het belangrijkste. En omdat we ons op die weg – de een meer dan de ander – allebei heel eenzaam hebben gevoeld, willen we je bijstaan. Zodat je weet dat je niet alleen bent. Want jij hebt misschien niet een heel groot vangnet. Of je durft niet om hulp te vragen. Of je vindt, net als de mensen om je heen, dat het nu wel tijd is om het af te sluiten. En dat vind je dan zelf misschien ook, maar je hebt geen idee hoe dat moet. We herkennen dit en we weten dat je, net als wij toen, waarschijnlijk nog een lange weg te gaan hebt. Maar er komt altijd een moment, vroeg of laat, dat je ziet dat het ergste achter de rug is. Dat je weer door kunt met leven, met geven, met opvoeden, met opnieuw genieten. Dat je terugkijkt en ziet: ik ben verdergegaan en dat mag.

Wij staan inmiddels op dat punt, en dan is het tijd om die kennis te delen. Om elkaar te helpen in tijden waarin je denkt dat je er nooit meer uit komt. Wel waar, zeggen wij. Je kunt het. En onderweg zijn wij er af en toe: als je dit boek openslaat, even een hoofdstuk leest omdat je erdoorheen zit en nieuwsgierig bent hoe anderen dat doen of gedaan hebben. Hopelijk kun je daarna met een glimlach of na een flinke huilbui weer verder. Want dat gunnen we je. Dat steuntje in de rug, wat wij niet voelden of zagen of durfden te vragen, dat heb je nu vast. Gebruik het wanneer je er even doorheen zit of als je vragen hebt. En leg het ook weg wanneer je gewoonweg verder moet met leven.

Rouwen kun je op veel verschillende manieren doen. Ook Merlijn en ik hebben dat heel verschillend gedaan. Maar we hebben ook veel aan elkaar gehad. Ik, als moeder, heb veel geleerd van zijn eerlijke kijk op de wereld die ik negatief neigde te noemen. Maar ik moest op bepaalde momenten – en achteraf gezien had ik dat soms eerder moeten doen – toegeven dat hij wel degelijk gelijk had. Bijvoorbeeld toen zijn school ontoereikend handelde. Of dat de wereld nu eenmaal niet zo leuk is als ik mezelf wijs wilde maken.

Omdat we behoorlijk open zijn geweest in onze boeken *Toen ik je zag* en *Nu ik je zie*, kunnen en willen we ook nu niet achterblijven. Naar aanleiding van die openheid krijgen we nog vaak een hoop reacties en ook veel vragen bij lezingen en andere optredens. We proberen die vragen in dit boek te beantwoorden door te vertellen over onze ervaringen. Op onze eigen manier; open, eerlijk en direct, maar altijd liefdevol. En we hopen dat dit je een beetje gaat helpen op het pad dat je nu bewandelt. In een leven dat nooit meer wordt zoals het ooit was en ook nooit meer zo zal worden. We wensen je toe dat je op een dag wakker wordt en denkt: wauw, ik kan dit. Ik had het nooit gedacht en nooit durven hopen, maar ik ben blij met mijn 'nieuwe' leven. Een leven vol verrassingen, met heel mooie en dierbare herinneringen én een toekomst waar ik naar uitkijk. Lang of kort, ik mag hier nog alles uithalen. Kom maar op!

HET OVERLIJDEN

ISA & MERLIJN

Op een dag is het zover: iemand van wie je heel veel houdt, is dood. De handen waar je in kneep, knijpen niet meer terug. De ogen die je altijd aankeken, kijken nergens meer naar. Hoewel de dood altijd ditzelfde effect heeft, is geen enkel overlijden hetzelfde. Niet alleen doordat de oorzaak van overlijden veelal verschilt – een ongeluk, ouderdom, een fysieke of mentale ziekte – maar ook doordat de ene overledene een heel andere rol in je leven vervult dan de andere. Soms staat diegene ontzettend dichtbij doordat hij of zij een onderdeel is van je gezin, een andere keer komt die persoon uit een ander of uit een vorig gezin. Bijvoorbeeld je broer of zus met wie je vroeger onder één dak leefde. Dat hoeft het verdriet niet minder intens te maken. Juist als je elkaar gedurende het verdere leven minder vaak hebt gesproken, kan een overlijden extra meedogenloos zijn doordat het een einde maakt aan voornemens om elkaar vaker te zien.

Onlangs is de vader van Antonie overleden. We konden nog afscheid van hem nemen, al bleken we daar niet heel goed in te zijn. We zeiden alle drie niet veel tegen elkaar. Hij knikte naar ons en wij knikten terug. We zeiden ‘dag’, zoals we altijd ‘dag’ zeiden als we weggingen. Maar ditmaal wisten we dat dit de allerlaatste keer was dat we afscheid namen, voorgoed. We hebben hem niets gevraagd bij het afscheid nemen, hij heeft ons niets verteld. Geen wijsheden, geen complimenten, geen laatste verhaal. Maar dat hoefde ook niet, een blik en een knuffel waren genoeg. Heel anders ging dat bij Antonie, van wie we geen afscheid konden nemen.

Waar het overlijden van Antonies vader eraan zat te komen en verder van ons afstond, kwam het overlijden van de man die bij ons gezin hoorde als een totale schok. Op zo'n jonge leeftijd – vierenveertig was Antonie – hoor je nog niet dood te gaan. Inmiddels weten we niet beter: hij is er niet meer en hij komt nooit meer terug. Dat besef kwam in fasen tot ons, op momenten die heel onverwachts waren en ook heel veel pijn deden. Dat gebeurde in periodes waar we onszelf kwijtraakten en waar we ook elkaar soms – als moeder en zoon – even niet meer vonden. Maar door altijd naar elkaar te blijven reiken, al deden we dat meestal in stilte, is het ons steeds gelukt om dicht bij elkaar te blijven en de dood niet toe te staan ons leven te verpesten. Want daar is het leven veel te mooi voor en de dood veel te lelijk.

ISA

De eerste keer dat ik iemand verloor en dat met Merlijn kon delen, was toen mijn moeder overleed. Zij was dement geworden en stierf een half jaar eerder dan Antonie. Haar overlijden kwam nog best onverwachts, hoewel ze al een tijdje verpleegd werd. Mijn moeder at steeds slechter, waardoor sondevoeding werd overwogen. Ik denk dat ze dacht: dat ga ik niet doen!, want de volgende dag overleed ze in haar ochtendslaapje. Ineens was ze dood.

Daar spraken we thuis niet moeilijk over: 'Oma is overleden,' vertelden we Merlijn en Vlinder. Er was ruimte voor elke vraag die gesteld moest worden. Zo ging het een half jaar later ook toen Antonie overleed. Het gekke is dat geen van beide kinderen na het overlijden vroeg hóé hij een einde aan zijn leven had gemaakt, maar wel of hij er mooi uitzag. Dat is blijkbaar belangrijk, om degene die overleden is te zien zoals we hem of haar willen zien. Het aangezicht van de dood is nodig om te kunnen beseffen dat iemand er niet meer is en niet meer wakker wordt. Bij een ouder iemand – zoals een oma – gaat dat makkelijker dan bij een jong iemand zoals Antonie. Antonie was namelijk heel mooi toen hij dood was, mooier dan in de laatste fase van zijn leven waarin hij er moe en slecht uitzag van de zorgen. Die verdwenen van zijn gezicht toen zijn leven en daarmee zijn zorgen stopten.

'*What the fuck*,' zeiden sommige mensen toen ze hem zagen na zijn overlijden, 'wat is hij weer superknap.'

Op de avond van zijn dood werd Antonie meegenomen door de politie, er moest onderzocht worden of zelfdoding wel de daadwerkelijke doodsoorzaak was. Toen dat het geval bleek, werd zijn lichaam vrijgegeven en kwam hij de volgende dag weer thuis.

Merlijn verzamelde allerlei mooie spulletjes om bij hem neer te leggen. Zo ontstonden er als vanzelfsprekend allerlei rituelen. Het huis stroomde dagelijks vol met mensen die allemaal hun eigen reden hadden om er te zijn. Sommigen wilden het liefst bij Antonie zitten, anderen wilden praten of gewoon huilen – of lachen. Weer een ander richtte zich vooral op de kinderen, terwijl een familielid dat zijn gevoelens nooit makkelijk deelde de hele dag in de keuken stond om voor iedereen te koken. Al die dingen zijn een troost: of het nou een schouder, een hand, een gesprek of een aangereikte zakdoek is. En als je van al die dingen ongemakkelijk wordt, hoef je heus niet weg te blijven. Een warme maaltijd bereiden en een glas bijschenken is minstens zo troostend en wordt net zo – en op sommige momenten zelfs meer – gewaardeerd. Het zijn namelijk de kleine gebaartjes die een afschuwelijke periode lichter kunnen maken. De buurman die de kinderen meenam om een paar uur te gaan bowlen. Een goede vriendin wilde Antonie wassen en aankleden. Een zwager wilde in zijn werkplaats eigenhandig Antonies kist timmeren en liet Merlijn daarbij helpen. Of een vriendin die me er even aan herinnerde dat ik een bad had waarin ik even kon ontspannen. Dat soort alledaagse dingen zie je dan over het hoofd. Dus het geeft niet als je niet weet wat je moet zeggen, het is niet erg als je niets durft te vragen. Als je er maar bent, zodat je kunt laten weten: je bent niet alleen.

HET OPBAREN

ISA & MERLIJN

Eén van de eerste beslissingen die je moet nemen wanneer iemand overlijdt, is de keuze van de plek waar familie en vrienden afscheid mogen nemen en of de kist daarbij open of dicht is. De uitvaartondernemer zal je wijzen op de verschillende mogelijkheden en de bijbehorende voor- en nadelen. Of de kist open of dicht moet hangt vooral af van hoe de overledene eruitziet: is het verschil niet te groot met hoe hij of zij er ook bij leven uitzag? En zou die hij of zij het zelf eigenlijk wel gewild hebben om aangestaard en aangeraakt te worden?

Wat betreft de plek waar de kist komt te staan, zijn de twee meest voorkomende opties thuis of in een uitvaartcentrum. Als je dus geen zin hebt in veel bezoek en koffiezetten, kies dan vooral voor het uitvaartcentrum. Wij kozen daar niet voor toen Antonie overleed, dat voelde gewoon niet goed. In een uitvaartcentrum lag hij zo in zijn eentje en veel te ver bij ons vandaan. Zijn vader stelde voor dat Antonie in hun huis opgebaard zou worden, maar dat wilden we niet. Hij hoorde immers bij ons. Na het politieonderzoek vlak na zijn overlijden, werd Antonie terug naar Zevenhoven gereden. We stonden in de deuropening toen hij weer thuiskwam. Dat was eng en het was raar, maar het was ook het begin van een heel mooie week. Het was begin oktober en precies op het moment dat hij thuiskwam, brak de zon door nadat het wekenlang heel koud en donker was geweest. De zon ging ook pas weer weg toen hij ook weer wegging, op de dag van de begrafenis. Doordat de zon volop scheen, konden wij elke dag in de tuin zitten terwijl hij binnen lag. Antonie werd opgebaard in een kamer aan de zijkant van het huis in zijn lichtblauwe lievelingsblouse, omdat we hem daar het liefst in zagen.

MERLIJN

Mijn vader lag niet in een kist, die wilden we zo lang mogelijk uit zijn buurt houden. Bovendien vond ik het cool dat een oom voorstelde om die kist zelf te maken en dat ik daarbij mocht helpen. Die oom is timmerman en heeft een eigen werkplaats. Ik heb daar later nog wel bijbaantjes gehad, maar de kist van mijn vader was het eerste wat ik er maakte. Dat klinkt misschien luguber – een jongetje van elf dat meetimmert aan een doodskist – maar het was een heel fijne afleiding in een verwarrende week, in een huis waarin werd gehuild door mensen die ik eigenlijk helemaal niet goed kende. In de werkplaats van mijn oom werd niet gehuild, daar stond de radio aan en maakten de mannen grapjes. Toen de kist af was, was iedereen trots op het eindresultaat. Pas toen, vlak voor de uitvaart, ging mijn vader erin. Tot dat moment lag hij gewoon op een bedje, zoals hij dat wel vaker deed.

ISA

Het kwam niet alleen door zijn leeftijd dat Antonie er zo goed uitzag, het kwam ook doordat hij was gebalsemd. Toen mijn moeder een half jaar eerder overleed kon zij niet binnen het gebruikelijke aantal dagen gecremeerd worden. Zij werd daarom gebalsemd, waardoor het lichaam zeker tien dagen goed zou blijven. Toen Antonie overleed herinnerde ik me dat weer, waardoor ik vroeg of dat bij hem ook mocht.

Door de balseming hoefde Antonie niet thuis op een zoemende koeltafel te liggen en hield hij zijn natuurlijke huidskleur. Dat is heel mooi, maar het was daardoor ook moeilijk te beseffen dat hij niet meer wakker zou worden. Door de balseming werd hij niet stijf; er werd een middel in hem gespoten dat hem soepel hield en voorkwam dat het lichaam zou ontbinden. Eenmaal in het graf gebeurt dat ook niet, het lichaam verandert in de loop der tijd in stof. Misschien vind ik dat nog wel het fijnste aan balseming; dat dat lichaam waar je zo veel van houdt niet zo'n naar proces ondergaat. Of verbrandt. De avond voor de uitvaart zat ik met Merlijn en Vlinder bij Antonie en maakte ik een soort van grapje: zullen we hem gewoon lekker houden? Dan leggen we een stapel stenen in de kist, en blijft papa gezellig bij ons. Hij zag er zo goed uit, ik kon me niet voorstellen dat we hem niet meer elke dag zouden kunnen zien. Hoewel het tegenstrijdig is om iemand dood te zien terwijl die er niet echt dood uitziet, raden we het toch iedereen aan. Het is namelijk erg prettig (en menselijk) dat er zo veel mogelijk doodsheid – een witte huid, koude handen, ingevallen wangen – weg wordt gehouden van je geliefde. Hoewel ik moet vermelden dat de beloofde tien dagen dat een lichaam goed blijft niet gehaald werden. De ochtend na mijn voorstel om hem bij ons te houden, schrok ik voor het eerst van zijn uiterlijk. Het was de dag van zijn uitvaart, zes dagen na zijn overlijden, en toen zag hij er toch wel erg overleden uit. Zijn ziel leek nu echt verdwenen. Dat hij tijdens de uitvaartplechtigheid in een open kist lag, vond ik op die bewuste dag toch ineens niet zo prettig meer. Maar misschien was ik de enige die het zag omdat ik hem natuurlijk zo door en door kende. Voor de andere aanwezigen was hij in zijn kist wellicht net zo mooi als in zijn leven.

BEGRAVEN OF CREMEREN

MERLIJN

Mijn grootouders hadden zelf bepaald dat zij gecremeerd wilden worden, daar had mijn moeder niets over te zeggen. Ik was elf toen ik op de uitvaart van mijn oma was, en ik vond de gedachte dat zij na afloop een oven in zou verdwijnen verschrikkelijk. Een half jaar later was ik er stellig in: dat mocht met mijn vader absoluut niet gebeuren. Mijn moeder accepteerde die keuze, waardoor mijn vader dus een graf kreeg en niet een urn. Want ook de gedachte dat papa in een potje zou zitten, vond ik maar raar.

ISA

Omdat ik na het overlijden van Antonie zo snel mogelijk naar Amsterdam wilde verhuizen, wilde ik dat hij daar begraven zou worden. Zorgvlied liet weten dat Antonie er welkom was. Met een golfkarretje reed ik er met Merlijn rond om een plekje uit te zoeken. Hij was nooit eerder op een begraafplaats geweest, maar hij zag meteen wat hij niet wilde: zo'n saaie grijze steen bovenop zijn vader. Merlijn stelde voor dat de grote amethist die thuis in onze slaapkamer stond ook prima als grafsteen kon dienen. Antonies naam kon dan nergens op het graf genoemd worden, maar een voordeel daarvan was dat hij daar dan lekker anoniem kon liggen. Foto's van het graf stonden echter al snel op internet en medewerkers van Zorgvlied wijzen bezoekers nog steeds met liefde de weg, dus de anonimiteit is niet gelukt. Toch is het graf precies zoals de kinderen het wilden. En dat blijft ook zo, ook als ik later word bijgezet. Dat is al besloten en vastgelegd.

Fragment uit *Nu ik je zie* van Merlijn Kamerling (uitgeverij Boekerij, 2020):

Ik zoek tussen de graven links van me, maar omdat ik niet zeker weet of ik op het goede paadje loop, kijk ik ook af en toe naar de andere kant. Daar zie ik ineens de steen, zo'n vijf meter voor me aan mijn rechterhand. De steen is niet paars, maar zwart. En hij is groter dan ik me herinner. De steen steekt met twee grote punten boven de andere grafstenen uit. Ik loop naar het einde van het pad en steek het pad van papa in, pas dan zie ik de binnenkant van de steen. Paars kristalachtig gesteente weerkaatst het zonlicht, waardoor papa's graf licht lijkt te geven. Zo somber als de steen aan de buitenkant is, zo mooi is het vanbinnen. Ik ga aan de voet van het graf staan. Aan niks is te zien dat papa hier ligt. Zijn naam die door een bezoeker erop is gekalkt, is alweer verdwenen. Het zal dus met krijt geschreven zijn. Bovenop het graf groeit een wirwar aan bloemen. Ik zie roze, paarse en blauwe bloemetjes. Ik realiseer me nu pas dat ik helemaal niks heb meegenomen voor hem. Ik had best een bosje bloemen voor mijn eigen vader neer kunnen leggen. Ik kijk naar de graven naast hem. Zijn buren aan beide kanten zijn allebei overleden in 1942, waardoor het nog maar zo kort lijkt dat papa hier ligt. Ineens zie ik weer voor me hoe ik hem voor het laatst zag, op deze plek, zo voelde dat in ieder geval. Ik zie weer voor me hoe zijn kist over Zorgvlied werd gedragen en hoe het hier in de aarde verdween. Sinds dat moment is alles anders. Sinds dat moment ben ik aan het huilen, aan het zoeken, aan het wegkijken en vluchten. Maar sinds kort huil ik weer. Om alles wat mijn vader was en wat hij heeft gedaan. En soms huil ik ook om mezelf. Omdat ik soms gewoon niet meer weet wat ik moet doen. Vluchten is zo makkelijk, maar ik weet dat het me niets brengt. Ik weet dat ik mezelf moet aanpakken, want dat is het advies dat ik bijna dagelijks krijg. Maar ik weet niet goed hoe. Ik ben nog veel te onzeker en heb nog veel te veel faalangst om te durven kiezen wat ik ga doen met mijn leven. Ik weet nu dat ik dat van papa heb geërfd, dat hij ook geen idee had wat hij met het leven en zichzelf aan moest toen hij zo oud was als ik. Hij lijkt daardoor de enige die me echt had kunnen helpen, die me adviezen had kunnen geven waar ik wel iets aan zou hebben. Want de adviezen die ik van anderen krijg, helpen me niet. Omdat ze het niet begrijpen zoals papa het had begrepen. Ik neem hem dat kwalijk, merk ik nu. Ik neem het hem kwalijk dat ik het in mijn eentje op moet lossen, dat hij eruit is gestapt terwijl hij had kunnen weten dat er een kans bestond dat zijn kinderen zijn lastige eigenschappen konden hebben. Als hij nog zou leven, zouden we het er samen over kunnen hebben. Dan had ik hier niet gestaan, want dan hadden we elkaar. Er branden tranen in mijn ogen en dat wil ik niet. Ik loop weg van het graf en ga verderop op een bankje zitten. Ik begin te huilen, maar ik merk al snel dat ik niet huil zoals normaal. Normaal vind ik het vreselijk om te huilen, nu is het een soort opluchting. Een opluchting omdat ik hierheen durfde en een opluchting dat ik boosheid voel. Een beetje boosheid. Ik ben opgelucht dat ik dat mag van mezelf, want dan gaat die boosheid misschien vanzelf weer weg. Straks of misschien morgen of anders een andere keer. Terwijl ik op het bankje zit en mijn tranen wegveeg, trekt een zwarte steen links tegenover me mijn aandacht. Niet omdat hij per se heel groot is, maar omdat hij ook een beetje glinstert. Ik wil erheen lopen, maar herinner me dat ik als kind een keer op Zorgvlied was en dat ik vreemde mensen bij papa's graf zag. Ik weet weer dat dat gek voelde. Als er niemand in de buurt is, loop ik er toch naartoe. LEEF! staat er met grote letters op de marmeren steen, daaronder de naam Ramses Shaffy. Op het graf staan stenen beeldjes van engelen en er ligt een foto op van Liesbeth List die nog met papa heeft opgetreden en een paar maanden geleden is overleden.

'Leef,' fluister ik zacht.

Ik moet een beetje lachen. Omdat dit misschien het beste advies is dat ik ooit van iemand heb gekregen. Nooit gedacht dat dat van Ramses Shaffy zou komen, papa's nieuwe buurman.

'Leef!' fluister ik nog een keer.

DE UITVAART

ISA & MERLIJN

Een uitvaart is een heel belangrijk moment in het vroegste stadium van de rouw. Het sluit heel bewust een leven af en laat het andere leven daarna verdergaan. We herdenken tijdens zo'n uitvaart de overledene met foto's, liedjes en herinneringen en brengen hem of haar naar zijn laatste rustplaats. Daarna gaan we verder met het leven oppakken, zo goed en zo kwaad als dat gaat, en denken waarschijnlijk nog maar sporadisch aan de uitvaart terug. Liever herinneren we ons het leven dat aan die uitvaart voorafging. En dat is eigenlijk zonde, want een uitvaart kan een ontzettend mooie en waardevolle gebeurtenis zijn. Je kan die namelijk volledig naar je eigen hand – of die van de overledene – zetten.

ISA

Dat Antonies uitvaart zo persoonlijk was is vooral te danken aan de eigenwijze karakters van Antonie en Merlijn. Waar Antonie zelden binnen de lijntjes wilde kleuren, heeft Merlijn de krankzinnige eigenschap om bij alles een vraagteken te plaatsen. 'Hoezo?' vraagt hij dan. Dat kan soms gekmakend zijn. Als mensen iets vertellen of als een feit presenteren, dan roept Merlijn uit het niets 'Hoezo?'. Heel irritant, maar vaak ook heel terecht. Want waarom zou een grafsteen grijs moeten zijn? Waarom niet gewoon paars? En waarom bestaat een rouwstoet uit donkere auto's en niet gewoon uit kleurige Cadillacs? En zo'n uitvaart als bij zijn oma, in zo'n deprimerende aula, kan dat niet op een veel aantrekkelijker locatie? Bijvoorbeeld op de plek waar ik door zijn vader ten huwelijk ben gevraagd?

En zo gebeurde het dat op 12 oktober 2010 een stoet van vijftien Cadillacs in allerlei kleuren door Amsterdam reed om in het zonovergoten Amstel Hotel de laatste eer aan Merlijns vader te bewijzen.

MERLIJN

Als de gedachte aan een standaarduitvaart met koffie en cake je tegenstaat, wees dan niet bang om andere opties voor te stellen aan een begrafenisondernemer. Er kan vaak veel meer dan je voor mogelijk houdt, waardoor het een dag kan worden waaraan je wél met liefde en plezier terugdenkt. Dat is belangrijk, want herinneringen aan die dag zullen te pas en te onpas de kop opsteken. Bijvoorbeeld als je de muziek van de uitvaart op de radio of in de supermarkt hoort. Dat kan prettig zijn, het lijkt dan alsof de overledene tijdens het boodschappen doen even gezellig gedag komt zeggen, maar het kan je ook verdrietig maken op een moment dat dat niet goed uitkomt. Een liedje dat je altijd vrolijk maakte, kan na het overlijden van een geliefde een tegengesteld effect teweegbrengen. Dat risico liepen wij door op de uitvaart van papa liedjes te draaien die Vlinder en ik altijd met hem draaiden. Voor Vlinder was dat een liedje van de Plain White T's: 'Hey There Delilah'.

Don't you worry about the distance
I'm right there if you get lonely
Give this song another listen
Close your eyes
Listen to my voice, it's my disguise
I'm by your side

Omdat ik toen al heel erg van hiphop hield, begon mijn vader dat ook heel erg te waarderen. Als we samen in de auto zaten, draaiden we altijd 'Lose Yourself' van Eminem en dan rapten we heel hard mee. Dat nummer werd dus ook gedraaid op de uitvaart, net als een grote hit van 50 Cent – al waren Vlinder en ik waarschijnlijk de enige aanwezigen die niet wisten waar dat nummer, 'Candy Shop', over ging.

I'll take you to the candy shop
I'll let you lick the lollipop
Go ahead, girl, don't you stop
Keep going until you hit the spot

Doordat het geen typische begrafenisnummers zijn, word ik niet verdrietig als ik die nummers nu hoor. Dat gebeurt wel bij een ander liedje, dat niet eens op de uitvaart gedraaid is. Het is een liedje dat werd gebruikt in *24*, een televisieserie waar ik vroeger met mijn ouders naar keek. In een van de scènes moet geheim agent Jack Bauer zijn leven opofferen om de wereld te redden, hij vliegt met een bom aan boord zijn eigen dood tegemoet. Onder die scène stond het nummer 'Goodbye My Lover' van James Blunt. Papa kocht die cd, *Back to Bedlam*, een paar maanden voor zijn overlijden, waarna we hem altijd draaiden in de auto. Na zijn dood – waar hij net als Jack Bauer zelf voor koos – kreeg het liedje een andere lading, waardoor de tranen me nog steeds in de ogen springen als ik het hoor, al bij de eerste zin: *Did I disappoint you or let you down?* Die vraag heb ik me vaak gesteld als ik aan m'n vader dacht, omdat ik ervan overtuigd was dat ik blijkbaar niet de moeite waard was om voor te leven. Inmiddels weet ik dat dat er niets mee te maken heeft. 'Goodbye My Lover' is een lied over een geliefde, maar het beschrijft net zo makkelijk de intieme band tussen een vader en een zoon.

It may be over but it won't stop there
I am here for you if you'd only care
You touched my heart, you touched my soul
You changed my life and all my goals
And love is blind and that I knew when
My heart was blinded by you
I've kissed your lips and held your head
Shared your dreams and shared your bed
I know you well, I know your smell
I've been addicted to you

Goodbye my lover
Goodbye my friend
You have been the one
You have been the one for me
Goodbye my lover
Goodbye my friend
You have been the one
You have been the one for me

I am a dreamer but when I wake
You can't break my spirit – it's my dreams you take
And as you move on, remember me

Remember us and all we used to be
I've seen you cry, I've seen you smile
I've watched you sleeping for a while
I know your fears and you know mine
We've had our doubts but now we're fine
And I love you, I swear that's true
I cannot live without you

Goodbye my lover
Goodbye my friend
You have been the one
You have been the one for me

ISA & MERLIJN

Je hoort wel eens dat mensen precies weten welke liedjes er straks op hun uitvaart gedraaid moeten worden. Die nummers schrijven ze dan op een briefje en dat laten ze voor de nabestaanden achter in een envelopje. Natuurlijk is het best leuk om daar eens over te mijmeren, maar je loopt wel het risico dat je – als je dat lijstje niet af en toe bijwerkt – er decennia later een enorm gedateerde playlist op je uitvaart wordt gedraaid. Het is dus wel zaak om dat lijstje af en toe aan te passen aan je nieuwe muzieksmaak.

Een andere afweging die vooraf gemaakt moet worden: wie geeft een speech? Moet je daar eisen aan stellen? We waren een keer op een uitvaart waar iemand stond te speechen maar waar geen van de andere aanwezigen snapte waar het verhaal over ging, zelfs de directe familie niet. De verhalen waren zo persoonlijk dat niemand de context begreep. Als je dus gaat speechen moet je je goed realiseren dat je dat niet voor jezelf doet. Je staat daar omdat je het idee hebt dat je iets kunt vertellen dat belangrijk is om gehoord te worden. Waar hij of zij voor stond en wat hem of haar kenmerkte. Verzand niet in anekdotes over hilarische avonden die alleen leuk zijn als je erbij was, terwijl de enige andere aanwezige dood in z'n kist ligt. Wees niet die speecher die vooral over zichzelf vertelt. Het gaat er in een speech namelijk om dat je benadrukt hoe leuk de overledene was, niet hoe leuk diegene jou vond. Op de uitvaart van Antonie ging dat gelukkig allemaal goed, elke speech stond bol van liefde voor hem. De enige vergissing was dat iemand een heel grote snoepzak voor Vlinder had meegenomen. Heel lief natuurlijk, want dan heeft een meisje van vijf een beetje afleiding. Minder prettig was dat Vlinder er ontzettend blij mee was en de snoepzak nogal kraakte, waardoor het lieve cadeautje door elke speech heen klonk.

Er zullen altijd kleine of grote dingen zijn die mis kunnen gaan, geef je daar zo veel mogelijk aan over en maak je er vooral niet te druk om. Want als het leven je inmiddels één ding geleerd heeft, dan is het dat je er geen controle over hebt.

NA DE UITVAART

ISA

De eerste dagen na de uitvaart hield bij ons thuis de drukte aan. Na een paar dagen merkte ik aan Merlijn dat het genoeg was geweest, dat hij de drukte zat was. Heel goed dat hij daar duidelijk over was. Hij wilde rust, zoals het voor het overlijden van zijn vader eigenlijk ook was. Maar door die rust kwam voor mij juist de klap: terwijl iedereen naar huis ging en met zijn geliefde op de bank plofte, bleef ik als alleenstaande moeder achter. Immers, als het huis leeg is en de overledene begraven, begint pas het echte rouwproces. Je staat er nu alleen voor, je moet alles zelf regelen en bedenken. Je klankbord is weg, je sparringpartner, je maatje, je geliefde, de persoon die je warm hield en met wie je de dag doornam. De meeste mensen begrepen wel dat het zwaar was, maar de echte impact konden ze niet voelen. Aan het einde van de dag ploffen zij toch lekker met hun partner op de bank en kunnen zij hun verdriet delen. Hun routines gingen na de uitvaart ook gewoon weer door: naar werk, naar school, naar de sportclub en 's avonds samen zijn met het gezin. Wij moesten dat ineens heel anders organiseren en inrichten. We voelden ons geamputeerd, alsof we een arm misten. Maar wat we misten was de arm van Antonie die hij altijd om ons drieën heen sloeg. En nu die er niet meer was, voelde alles anders dan voorheen. We hadden alleen nog elkaar. Het is als bij een vlucht vogels: als er eentje tussenuit valt, moet er een nieuwe formatie worden gevormd. De enige manier waarop dat lukt, is jezelf blijven vertellen: het moet. Huilen en boos zijn mag, maar helpt je op de lange duur niet verder. Al schreeuwt alles in je dat je geen nieuwe formatie wilt, toch is dat noodzakelijk. Daardoor is het heel normaal dat je af en toe zin hebt om heel diep je kop in het zand te steken. Net doen alsof het allemaal niet gebeurd is, gewoon even lekker lol maken.

Wij gingen er op dat soort momenten op uit: de stad in met de tram, winkelen, uit eten, het leven in, lachen. Want dat mag, al zul je daar de eerste keren van schrikken of je schuldig voelen. Maar dat je lacht, betekent niet dat je lacht om de situatie. Of dat er geen tranen meer zijn. Je houdt het simpelweg niet vol om voortdurend verdrietig te zijn. Niet elk gesprek hoeft over de dood en het grote gemis te gaan.

MERLIJN

Een familielid dacht daar in die eerste periode heel anders over: hij betrok werkelijk alles op papa. Als er iets gebeurde, dan herinnerde hem dat aan papa. Als ik iets zei, dan zou papa iets soortgelijks hebben gezegd. Als ik iets leuks meemaakte, werd gevraagd of ik hem daarbij miste. Ik hield dat niet vol. Ik kon niet doorgaan met mijn leven als mijn leven steeds aan de dood werd gekoppeld. Want de dood was toch al een onderdeel van mijn leven geworden, hoe hard dat leven ook weer doorging. School, werk, vrienden, verplichtingen.

Op een gegeven moment is het zover en je hebt het pas door als-ie voorbij is: de onvermijdelijke eerste dag waarop de naam van de overledene niet valt. Niet veel later gebeurt dat zelfs dagen achtereen. Maar dat betekent niet dat hij er niet meer is, of dat niemand meer aan hem denkt. Soms valt er gewoon even niets meer te zeggen, zelfs als het nog maar een paar weken geleden is. Het enige wat je dan kunt doen, is bij jezelf of de ander een vinger aan de pols houden en vragen:

Gaat het goed?
Kan ik iets doen?
Wil je me iets vertellen?
Wat zou je nu het liefste willen?

Stel open vragen die niet specifiek aan iets refereren en alle ruimte laten voor een eigen interpretatie.

Met die laatste vraag wist Merlijn zich wel raad toen ik hem een keertje stelde. Merlijn was ongelukkig op school, elke dag had hij buikpijn. Het was winter, hij was net twaalf geworden en zijn vader was nog maar een paar maanden dood. Ik moest streng zijn van mezelf: hij moet gewoon naar school, net als iedereen. Totdat ik besloot even niet streng te zijn. Er kwam appelkruimeltaart – destijds het enige waar Merlijn vrolijk van werd – en hij mocht een paar dagen thuisblijven. De omgeving keurde dat af, zelfs de nabije familie had er een behoorlijk stevige mening over. Maar een moederinstinct weet het heus altijd beter, dus Merlijn hoefde niet naar school. Toen stelde ik Merlijn die vraag: wat zou je nu het allerfijnste vinden? Bij het antwoord mag je niet aan de consequenties denken, niet aan de mitsen en de maren. Gewoon wat je het allerliefst zou willen. Nu! Een paar dagen later zaten we in het vliegtuig, met z'n tweetjes, naar Curaçao.

We zaten in een resort. Er waren zonnebedjes en een blauwe zee. We bestelden clubsandwiches bij de vleet, en het was precies wat Merlijn nodig had. Elke dag was hij vrolijker dan de dag ervoor. Maar met mij ging het steeds slechter.

Wat een hel.

Merlijn lag dan al te slapen en ik zat in mijn eentje op het balkon, m'n best te doen om niet in tranen uit te barsten, wat niet altijd lukte.

Is dit dan wat je wil?

Dan corrigeerde ik mezelf.

Zo mag je niet denken.

Hij was ziek.

Natuurlijk wilde hij dit niet.

En dan vermande ik me: dit is nu eenmaal het verhaal. Het nieuwe verhaal. Ons verhaal. Dat het met Merlijn steeds beter ging maakte alles goed. Of in ieder geval veel. Daardoor was het één van de beste beslissingen die ik in die tijd genomen heb, gewoon door op m'n gevoel af te gaan en mijn hart te volgen. Mijn moederhart. En daar zijn geen regels voor.

Fragment uit *Stad vol ballonnen* van Femke van der Laan (uitgeverij Nieuw Amsterdam, 2019):

'Papa is nu precies vier maanden dood.'

Ik lig bij de jongste in bed en lees voor. Hij kijkt naar de klok. Ik nu ook. Eberhard stierf toen het zijn bedtijd was. De jongste rekent wel vaker uit hoelang dat geleden is. Precies zes weken. Precies twee maanden en twee weken. Precies negentig dagen. Altijd op hetzelfde tijdstip. Hij heeft met zijn grote broer ook wel eens uitgerekend hoe oud Eberhard op de dag af is geworden. Als hij zou hebben geweten hoe laat Eberhard was geboren, had hij de uren en minuten ook nog meegenomen. Ik denk dat het hem houvast geeft: duidelijke getallen in een wirwar van indrukken en emoties. Al kan ik ook niet helemaal uitsluiten dat mijn voorleesstem zo monotoon is dat zijn hersenen uit pure verveling de getallen maar wat door elkaar husselen.

'Vind je dat eigenlijk lang of kort? vraag ik aan hem.

We kijken samen naar de klok en wachten tot deze minuut voorbijgaat. Dan is het niet meer precies vier maanden geleden.

'Lang natuurlijk,' antwoordt hij. 'Het is zelfs al een ander seizoen.'

Ik had verwacht dat hij 'kort' zou zeggen. Zelfs wel 'kort natuurlijk'. Iedereen vindt dat namelijk. Ik hoor de hele tijd mensen zeggen dat het nog maar zo kortgeleden is. Vaak gevolgd door woorden als vers, pijn en rouw. Als je negen jaar bent, werkt dat anders. Dan is het gewoon lang geleden. Toen was het herfst, nu is het winter. Je hebt een grotere schoenmaat. Hij heeft je al zolang niet meer zien voetballen. Je hebt al eeuwen geen knuffel meer van hem gehad. Natuurlijk is vier maanden lang als je negen jaar bent en je vader is dood. Het werkt ook zo als je dertig jaar ouder bent en je man is overleden. Eberhard is al heel lang dood. Mijn voeten zijn gelukkig niet gegroeid sinds oktober en je moet mij vooral niet op een grasveld tegen een bal laten schoppen, maar ook ik heb al eeuwen geen knuffel meer van hem gehad. De tijd waarin je iemand mist, is nooit kort.

'Ga je nog doorlezen? Je bent al heel lang stil.'

Ik kijk weer naar de klok. De minuut is net voorbij. Vier

maanden is lang, maar ook een minuut kan een eeuwigheid duren als je negen jaar bent en voorgelezen wordt.

Ik kijk de jongste aan: 'Veel te lang.'

INTERESSE

MERLIJN

Het komt sneller dan je denkt: het moment dat er om je heen niet meer over een overledene wordt gepraat. Of dat er niet meer naar jou gevraagd wordt. Hoe het met je gaat, hoe je je voelt, en of je je wel redt. Op mijn middelbare school was er één iemand die dat wel bleef doen. Terwijl alle schoolvrienden, leraren en ikzelf net deden of ik nooit een vader had gehad, was er één jongen die er heel lief naar bleef vragen.

'Het gaat wel,' antwoordde ik dan.

En dan liep ik snel weer weg. Daardoor zal die jongen het idee hebben gehad dat zijn interesse me niets deed, maar het hielp me enorm. Het was gewoon zo uniek dat iemand herhaaldelijk de moeite nam om ernaar te vragen. Het zorgde ervoor dat ik me weer even gezien voelde, dat mijn verdriet werd erkend. Dagelijks zat ik met een grote groep jongens in de kantine en dan ging het geen seconde over mijn vader of wat ik heb meegemaakt, waardoor ik me in die grote groep heel alleen voelde. Eén zo'n jongen maakt dat, waarschijnlijk zonder het te beseffen, in één klap ongedaan.

Dat deze jongen zo dapper was, zegt overigens niks over de mensen die niet naar Antonie vroegen of daar op een gegeven moment mee ophielden. Want het is ook je eigen verantwoordelijkheid om je gevoel te uiten. Om iemand op te bellen of te appen en onder woorden te brengen: 'Ik mis hem zo.' Want dat mensen geen vragen stellen, betekent niet dat het ze niet interesseert. Waarschijnlijk zijn ze gewoon bang dat ze met hun vraag verdriet bij je oproepen. Geef het dus ook zelf aan als je avondenlang in je eentje op de bank zit te mijmeren naast een telefoon die niet meer overgaat. Pak hem op en bel iemand. Vertel wat je voelt. Dan zul je zien dat heel veel mensen blij zijn dat je erover begint, en dat ze er graag met je over praten.

We kregen vaak steun uit onverwachte hoek: van de bakker, van een wildvreemde vrouw op straat, van een schilder. Mensen die gewoon even stilstonden en naar je knikten. Meer was er ook niet nodig. Doe dat dus als een buurman of buurvrouw van om de hoek iets ergs is overkomen, ook als je nooit contact met je buren hebt gehad. Dat geeft namelijk niets. Sta gewoon even stil en knik eventjes, dan voelen ze zich gezien en gesterkt. Ik las eens over een echtpaar dat een kind verloor. Ze vonden in de weken erna elke ochtend een zakje met verse croissantjes aan de knop van hun voordeur. Zelfs jaren later weten ze nog steeds niet wie dat had gedaan, maar het deed ze enorm goed. Zulke kleine gebaren – een vraag, een knikje, een broodje – kunnen van onschatbare waarde zijn. Het zijn de onverwachte gebaren die maanden of soms jaren later de meeste steun geven. Want de rouw gaat nooit helemaal voorbij, het krijgt in de loop der tijd alleen een andere vorm.

THERAPIE

ISA

Het is niet uitzonderlijk dat je na het overlijden van een dierbare wat professionele hulp inroept. Een psycholoog of therapeut kan je helpen om leed te verwerken, in perspectief te plaatsen en je leven weer richting te geven. Ook wij gingen in therapie na het overlijden van Antonie. Ik nam die beslissing al snel voor mezelf, maar zocht ook hulp voor de kinderen. Het leek me goed voor ze als ze tegen iemand anders dan hun moeder mochten klagen of boos zijn. Vlinder bleek door haar jonge leeftijd bijvoorbeeld amper herinneringen aan haar vader en aan zijn overlijden te hebben, waardoor ze zich vaak buitengesloten voelde als we over hem spraken. En Merlijn voelde mijn angst dat hij net zulke sombere gedachten als zijn vader zou hebben, waardoor ik zijn gedrag soms te veel inkleurde. Gelukkig was Merlijn mondig genoeg om te zeggen dat hij soms gewoon wat chagrijnig was en dat dat meer met de puberteit dan met zijn vader te maken had.

De kinderen gaven het zelf aan toen ze geen therapie meer wilden.

'Ik praat liever met jou, mama,' zei Merlijn.

Al vond ik dat spannend, ik wilde ze graag het vertrouwen geven om het dan weer zelf aan te gaan. En als ze aan kunnen geven dat ze het niet meer willen, moet je er ook op vertrouwen dat ze het aan zullen geven als ze het wel weer willen. Want soms is dat je enige houvast, én het belangrijkste: vertrouwen.

MERLIJN

Na wat omwegen kwam ik terecht bij een man die gespecialiseerd is in rouwverwerking. Deze therapeut, voormalig NOS-verslaggever Tim Overdiek, had zelf volkomen onverwachts zijn echtgenote verloren, waardoor hij goed begrijpt hoe moeilijk het is om na een sterfgeval je leven weer op te pakken. Hij heeft me geleerd hoe ik weer kon voelen, de afgelopen jaren heb ik er namelijk alles aan gedaan om elk gevoel zo ver mogelijk buiten de deur uit te houden. Als iemand over mijn vader praatte, liep ik weg. Als ik me slecht voelde, schakelde ik dat gevoel uit met allerlei verdovende middelen. Als iemand iets aardigs tegen me zei, wantrouwde ik dat. Door veel te praten en te reflecteren, ben ik gaan inzien dat het goed is om gevoelens serieus te nemen. Ook als die gevoelens pijn doen, want je moet daar doorheen om het achter je te kunnen laten. Ik ben daar nog niet helemaal en misschien zal ik er altijd een beetje hulp bij kunnen gebruiken. Maar dat geeft niet, want praten is fijn. Het lucht op, zelfs op de momenten dat ik niet zag dat ik lucht nodig had.

ISA

De therapieën die Merlijn, Vlinder en ik hebben ondergaan – en nog steeds ondergaan – bestaan vooral uit praten, maar er kunnen ook grondiger maatregelen worden ingeschakeld. Ik besloot bijvoorbeeld om op een bepaald moment EMDR te ondergaan: *Eye Movement Desensitization and Re-*

processing. Dit helpt je om een schokkende gebeurtenis, zoals een overlijden, minder traumatisch te maken. Wanneer een herinnering aan die schokkende gebeurtenis je steeds weer van slag maakt, helpt deze vorm van therapie om met meer afstand aan dat moment terug te denken, waardoor het niet iedere keer zo ontzettend hard bij je binnenkomt. Voor die EMDR ga je terug naar een specifiek moment dat jou een trauma bezorgd heeft, in mijn geval was dat het moment waarop ik het lichaam van Antonie vond – al wist ik toen nog niet eens zeker of hij wel dood was. Door de EMDR kan ik nu beter met die herinnering omgaan, de therapiesessies hebben er namelijk voor gezorgd dat de herinnering wat meer naar de achtergrond verdwijnt. Ook wordt de emotie er (voor zover dat mogelijk is) vanaf gehaald. De therapeut doet dat door je bewust aan het moment te laten denken terwijl er twee vingers voor je ogen heen en weer bewegen. Dit proces wordt gedurende een paar sessies steeds herhaald waardoor uiteindelijk de herinnering minder pijn zal gaan doen. Op den duur merk je dat je erover kunt praten zonder dat het direct je strot dichtknijpt.

MERLIJN

Door de positieve ervaring van mijn moeder overweeg ik ook om EMDR te ondergaan. Het lastige eraan is dat ik niet precies weet wat dan dat ene traumatische moment is, zoals mijn moeder dat wel duidelijk weet. Was dat het moment dat ik op tafel het briefje zag liggen? Was het de donkere tuin waar ik met mijn moeder in liep, waarna ze me wegstuurde om hulp te halen? Of het moment dat ze vertelde dat papa dood was? Ik weet niet of een moment slechts één seconde mag duren of een paar uur, maar ik weet wel dat ik nog steeds last heb van die dag. Zo durf ik nog steeds niet te gaan slapen zonder de tv aan en word ik teruggeworpen in de tijd als ik een blauw zwaailicht zie. Het doet me denken aan de politiewagens die die avond in Zevenhoven stonden en het huis blauw verlichtten. Met EMDR hoop ik dat die herinneringen lichter worden en dat er meer ruimte komt voor andere momenten die ik ergens in mijn geheugen moet hebben opgeslagen. Bijvoorbeeld van mijn vader toen die nog leefde, of van de periode vlak na het overlijden. Doordat ik er sinds het schrijven van *Nu ik je zie* meer over praat, komen er ook meer herinneringen terug. Ik dacht bijvoorbeeld dat ik een vader had die ik nooit zag omdat hij altijd aan het werk was, maar ik herinnerde me weer dat hij me zo veel mogelijk meenam als hij moest werken: naar filmsets, studio's en zelfs naar het theater waar hij een voorstelling speelde. Backstage zat ik dan te gamen totdat hij klaar was en daarna gingen we samen weer naar huis. Daar waren we namelijk het liefst: stoeien en knuffelen op de bank, voetballen in de tuin. Hij was dan Feyenoord en ik Ajax, we hebben samen honderden klassiekers gespeeld die ik allemaal heb verdrongen. Dat boek bleek voor mij dus een goede therapie te zijn. Toch kan het nooit kwaad om te onderzoeken of er misschien toch nog ergens pijn zit die je niet in je eentje kunt verzachten. Een therapeut kan je daarbij helpen.

Fragment uit *Tranen van liefde* van Tim Overdiek (uitgeverij Water, 2020):

Ze was aangereden door een motoragent. Een zware hersenschudding en een schedelbasisfractuur waren het gevolg van een motoragent die het rode verkeerslicht had genegeerd. Jennifer liep over het zebrapad, met voor haar het licht op groen. Ze kon zich niks meer van het ongeluk herinneren.

Uit voorzorg belandde ze op de medium care-unit van de afdeling neurologie. Het zou allemaal in orde komen, werd ons gezegd. Dat deed het niet. De volgende ochtend kreeg Jennifer een hersenbloeding. Ze raakte in coma en zou nooit meer ontwaken. Van het ene op het andere moment was zij weg, en bleven mijn zoontjes Sander (toen 12 jaar) en Eamonn (toen 9) met mij in verbijstering achter.

Verder leven, prentte ik mezelf van meet af aan in. En weer gaan schrijven. Waar Jennifer vrijwel iedere dag in haar dagboek had geschreven, was ik allang afgehaakt. Te druk met mijn werk. Te gejaagd ook om af en toe rust te nemen voor reflectie. Mijn leven als reizend journalist, vader en echtgenoot (in die volgorde) was een onophoudelijke jacht op interessante avonturen in nieuwe landen. Waar Jennifer als moeder en (werkende) vrouw volkomen gelukkig leek met zichzelf, liet ik me leiden door ongeduld en haast.

Anders werd het na haar dood. Heel anders. Tijd genoeg immers. Voorlopig geen werk. Maar de rest was zoek. Ons leven was op zijn kop gezet. Sander, Eamonn en ik namen plaats in een rollercoaster die ons alle kanten op joeg, die soms verraderlijk lang in de lucht bleef hangen om vervolgens met adembenemende snelheid naar beneden te storten en ons van links naar rechts, van boven naar beneden door elkaar te schudden. En dan weer, en weer.

Na dat emotionele eerste jaar, waar vaak zo zalvend over wordt gesproken, suist de rollercoaster onverminderd verder. Met als verschil dat we nu enigszins de richting kennen, dat we de snelheid beheersen en ons af en toe laten verrassen door plotse wendingen en onvermoede terugval. We leven verder, en dat gaat nog steeds met vallen en opstaan.

UITINGSVORMEN

ISA

Het is interessant om te zien hoe mensen op een heel andere manier omgaan met het verwerken van een verlies. Of juist met het vermijden van die verwerking. Onze familie ging na de dood van Antonie verwoed aan de gang met het aanleggen van een archief van al zijn werk. Interviews, films, series: alles wat we konden vinden, verzamelden we. De broer en zussen van Antonie belden met omroepen om te vragen wat er in hun archieven lag, redacties van kranten en tijdschriften werd gevraagd of zij hem ook geïnterviewd hadden. Veel journalisten en programmamakers werkten daar heel lief aan mee: in een mum van tijd hadden we dozen vol artikelen, foto's en dvd's. We monteerden alles tot een document dat groot genoeg was om er een hele dvd-box mee te vullen. In de interviews die we opgestuurd kregen, was hij vaak opener over zijn gevoelens dan hij tegen ons was. Aan Ivo Niehe vertelde hij als twintiger dat hij de straat niet meer op durfde. Een paar jaar later deelde hij met Theo van Gogh voor het eerst zijn suïcidale gedachten. Wij hadden daar in die tijd nog geen idee van. We wilden daarom met die dvd-box van de daken schreeuwen dat je moet luisteren wanneer iemand zulke gedachten openbaart. En we wilden hem in leven houden. Het was misschien een beetje hysterisch. We waren echt een productieteam: filmproducenten bellen, toestemming regelen. Ik denk dat iedereen in de rouw zo'n periode heeft: heel hysterisch of manisch dingen doen. Inmiddels heb ik gemerkt dat dat niet nodig is om iemand levend te houden, want diegene leeft heus voort. In harten en hoofden, in gesprekken en herinneringen. En soms ook in boeken, in films of liedjes. Ik heb me altijd afgevraagd hoe Dinand Woesthoff het kon opbrengen om een dag na het overlijden van Guusje Nederhorst het bloedmooie liedje 'Dreamer' voor haar te schrijven en zelfs op te nemen. Ik heb met verwondering gekeken naar de dappere interviews die Edwin Spee op televisie gaf over zijn vrouw Bibian Mentel, een paar weken na haar overlijden al. Ik heb destijds juist bewust alle media buiten de deur gehouden, ik kon het niet opbrengen om in het openbaar over de allergrootste pijn in mijn leven te praten. Een pijn waarvan ik zelf nog niet kon overzien hoe immens die was. Zeker de eerste dagen veranderde ons huis in een soort reservaat, een veilige vesting waar alleen mensen mochten komen die ik kende en vertrouwde. Op de dag van de uitvaart besefte ik onderweg naar Amsterdam pas hoezeer ik van de buitenwereld afgesloten was geweest en hoe gek het was om weer andere mensen te zien.

Het eerste interview dat ik gaf over Antonie vond ruim drie maanden na zijn dood plaats. Het was in *De Wereld Draait Door*, en het was live, wat het extra eng maakte. Een dag eerder was de eerste aflevering van een nieuwe serie op NPO1 uitgezonden, daarin speelde Antonie een depressieve man. Ik voelde me verplicht ten opzichte van Antonie om op de uitnodiging van Matthijs van Nieuwkerk in te gaan om over de serie te praten, maar ik vond het doodeng. Gelukkig was mijn beste vriend Marc-Marie Huijbregts tafelheer die dag, wat steun gaf. Ik heb geen idee wat ik allemaal gezegd heb in dat interview, ik heb het nooit terug durven kijken.

Matthijs van Nieuwkerk: 'In oktober vorig jaar maakte acteur Antonie Kamerling een einde aan zijn leven, hij leidde aan ernstige depressies. Gisteren was hij te zien in de nieuwe dramaserie *Levenslied*, het zou zijn laatste rol zijn. Aan tafel de vrouw van Antonie, Isa Hoes. Er is ontzettend veel getwitterd gisteravond rond *Levenslied* omdat mensen aan de ene kant ontzettend blij waren dat ze Antonie weer zagen en aan de andere kant heel erg verlegen waren met het zien van iemand waarvan je inmiddels weet hoe het is afgelopen. Uiteraard hebben ze jou gevraagd of het uitgezonden mocht worden, neem ik aan.'

Isa: 'Nee, volgens mij hebben ze dat niet gedaan. Raar, hè? Maar ik vond het sowieso goed natuurlijk.'

Matthijs: 'Dat weet ik niet, misschien dacht je: dat vind ik niet leuk.'

Isa: 'Ik heb daar later wel over nagedacht: wat ik gezegd zou hebben en of ik iets anders had gewild. Het is akelig om te zien, maar het is een hele goede rol. Hij was toen ook echt heel depressief, dus ik zei toen ook wel tegen hem: dat is toch fijn, dat je nu die rol mag spelen? Dat was natuurlijk helemaal niet zo fijn, maar daardoor kon hij het wel goed spelen.'

Matthijs: 'Hoe gaat het?'

Isa: 'Ja, wat je dan zegt. Naar omstandigheden goed.'

Matthijs: 'Zeg het eens iets meer in je eigen woorden.'

Isa: 'Nou, dat vind ik echt. Ik verbaas me erover hoe sterk ik ben. Ik voel me heel erg sterk met z'n drieën, met de kinderen. Antonie heeft een hele grote lieve familie die ons heel erg opvangt. We wonen weer in de stad, wat veel beter is voor ons in plaats van op die grote eenzame boerderij. We zitten midden in het leven. Dat wilde ik eigenlijk al een hele tijd, maar dat was ook iets wat Antonie niet echt meer aankon. Het verhuizen, het was allemaal te ingewikkeld. Dat is het rare: we leven nu weer. Met een enorm gemis en een enorm verdriet, maar we moeten accepteren wat hij heeft gedaan en gewoon genieten van de mooie dingen die hij met ons heeft gedaan en wat hij achter heeft gelaten.'

Matthijs: 'Je bent bezig met het samenstellen van een mooie dvd-box. Met de kinderen.'

Isa: 'Ja. Nou ja, de kinderen niet. Merlijn wil dat helemaal niet, die is twaalf. Die heeft wel bij de begrafenis met alles meegedaan, dat was heel fijn. Maar niet nu met die box, dat doen we met de broer en zussen van Antonie.'

Marc-Marie: 'Ik vind het ook zo goed van jou dat je niet bang bent om naar buiten te gaan. En dat is nog moeilijker omdat Antonie zo bekend was, en dat iedereen weet: haar man heeft zelfmoord gepleegd. Maar je sluit jezelf niet op. Je stelt jezelf open om getroost te worden.'

Isa: 'Zo voelt het ook. Vooral in Amsterdam. Er komen zo veel mensen naar me toe – wildvreemde mensen – die me even aanhouden en alleen maar hele lieve dingen zeggen. Ik voel me echt gedragen. Ik heb zo het gevoel dat mensen ons steunen in dit grote verdriet. Dat is echt heel bijzonder, heel prettig. Hoe eng het ook is om hier te zijn.'

Matthijs: 'Ben je boos op hem? Was je boos op hem toen het zover was?'

Isa: 'Nee. Dat is heel gek. Ik ben af en toe een beetje boos.'

Matthijs: 'En als je boos bent, wat verwijt je hem dan?'

Isa: 'Nou, we wilden samen oud worden. Dat was ook oprecht zo. Bij alle dingen die hij gezegd heeft, denk ik nu niet: dat ben je niet nagekomen. Bijvoorbeeld als ik mensen zie lopen in het Vondelpark. Met z'n tweeën, oud. Dan denk ik wel even: verdorie, dat zouden we samen doen, en dat heb je me nu ontnomen. Maar tegelijkertijd ook: ja zeg Isa, wat egoïstisch. Want het was echt iemand die heel ongelukkig was en dat gun ik hem niet. Mijn ultieme wens was geweest dat ik hem had geholpen, hoewel dat niet kon. Dat was belachelijk, maar dat was wel wat ik dacht in die eerste weken.'

Toen ik het interview gaf besefte ik nog niet hoe diep ik in mijn rouw zat. Of eigenlijk: hoe hard ik mijn best deed om niet te hoeven rouwen. Niet lang na dit interview, toen er al twee uur aan gemonteerd materiaal lag voor een dvd-box, vroeg iemand of het wel zo'n goed idee was dat we hier zo druk mee bezig waren. Of het niet beter zou zijn dat we gewoon eens rustig gingen rouwen. We keken elkaar aan en realiseerden ons dat die persoon gelijk had. We stopten alles terug in de dozen en gingen allemaal naar huis. Het project was vooral een vlucht, beseften we. Een mogelijkheid om niet te veel te hoeven voelen, om niet te hoeven erkennen dat hij dood was.

Misschien maken we de film ooit nog eens af. Hij ligt nog ergens in een doos tussen al het andere materiaal waarop Antonie nog in leven is. Ik weet niet of iemand van ons het nog aandurft om het project weer op te pakken nu we het verdriet zijn aangegaan en grotendeels verwerkt hebben.

Veel later begreep ik ook pas dat de verhuizing naar Amsterdam misschien helemaal niet zo'n goed idee was, al was ik aan tafel bij *De Wereld Draait Door* zo overtuigd van het tegendeel. Van een psychiater hoorde ik dat het een klassieke fout is om zo snel een grote verandering door te zetten na een heftige gebeurtenis. Ik trok de kinderen daardoor weg uit hun vertrouwde omgeving, haalde ze van hun school af en vertrok met ze naar de grote stad. Toch geldt zo'n regel niet voor iedereen en voor elke situatie. Want in datzelfde gesprek zei de psychiater dat het juist het beste was wat ik had kunnen doen: het paste bij ons. De meeste mensen uit onze vriendenkring woonden in Amsterdam en niet in Zevenhoven. De enige vrienden die we in dat dorp hadden waren al ver voor Antonies dood vertrokken. Dus wat hadden we er gemoeten met z'n drietjes, in een veel te groot huis dat ons dagelijks zou herinneren aan de man die we zo misten? Bovendien bracht Amsterdam ons vrijheid. Waar in Zevenhoven de winkels vroeg dicht gingen en we lang moesten rijden naar het dichtstbijzijnde café, konden we in de stad aan onze impulsen toegeven. En dat was juist iets wat Antonie ons geleerd heeft, om groots te kunnen genieten. Als we met z'n drietjes geen zin hadden thuis te eten, gingen we lekker naar een restaurant. De stad gaf ons de vrijheid om in het nú te leven. Daar was Antonie toen ik hem leerde kennen altijd heel goed in, dat heb ik godzijdank van hem overgenomen. De verhuizing vlak na zijn dood is een goed voorbeeld van die impulsiviteit en beschouw ik nog steeds als een juiste keuze.

Wat voor de één dus een vergissing kan zijn, kan voor een ander juist heel goed uitpakken. Er zijn, kortom, geen regels bij rouw, daar ben ik wel achter gekomen. Je moet gewoon je eigen kompas volgen. Natuurlijk is het zo dat je dat kompas een tijd kwijt bent. En zelfs als je het terugvindt, is erop durven vertrouwen lastig. Maar je zult er op den duur vanzelf achter gaan komen dat je niet anders kunt omdat je nu eenmaal niets anders hebt in het leven dan je eigen kompas. En dat is een ontzettend fijn iets om te hebben!

MERLIJN

Vrij snel na de uitvaart van mijn vader dook ik weg voor alles wat met hem te maken had. Ik wilde niet over hem praten, niets over hem horen of hem zien op televisie. Dat heb ik behoorlijk lang volgehouden, zeker een jaar of acht. In die acht jaar gebeurde er niet veel in mijn leven, sowieso niet veel positiefs. Ik maakte ruzie met leraren, werd ontslagen bij mijn bijbaantjes en zat eigenlijk de hele dag op de bank. Ik had daar honderdduizend excuses voor. Dat mensen me niet snappen, dat ik niet tegen hiërarchie kan, dat ik nu eenmaal onderdeel ben van een generatie die het niet makkelijk heeft: geen duidelijk toekomstperspectief, geen financiële zekerheid, terrorisme en geboren met een mobiele telefoon in de hand. Ik had geen enkele reden om de deur uit te gaan – behalve dan naar de sportschool en de coffeeshop. Ik ben er nog steeds van overtuigd dat al die elementen niet meehielpen, maar wat ik niet zag, is dat ik vooral eens goed moest gaan rouwen. Om de dood van mijn vader heb ik heus veel gehuild als kind, maar op het moment dat ik dat verdriet én hem een plekje moest gaan geven, droogde ik m'n tranen en liep daarvoor weg.

Toen zijn tiende sterfdag eraan zat te komen besloot ik dat ik hem maar eens onder ogen moest komen. Het schrijven van *Nu ik je zie* bleek een openbaring. Door interviews met hem terug te kijken en door zijn vrienden en familie op te zoeken kwam ik erachter dat mijn vader en ik helemaal niet zo veel van elkaar verschilden. Ik dacht altijd dat hij zich zou schamen voor me, dat hij me een nietsnut zou vinden. Hij deed namelijk zo veel, terwijl ik niks deed. Pianospelen, zingen, acteren, rechten studeren, dromen najagen. Maar dat kwam bij hem allemaal veel later. Toen hij zo oud was als ik deed hij namelijk precies hetzelfde: niks. Hij zat, net als ik, de hele dag thuis, blowde te veel en wist zich geen raad met zijn leven. Hij studeerde wel rechten, maar ging nooit naar college. Pas toen hij werd gevraagd om in een tv-serie te spelen, kwam hij van de bank af. Toen ik voor het eerst naar *Goede tijden, slechte tijden* keek, zag ik pas dat we ook qua uiterlijk op elkaar lijken. En aan mijn kapstok hing een identiek leren jack als de jas waarmee hij beroemd is geworden. Maar toch, waar het schrijven van een boek over mijn vader aanvankelijk een opluchting leek, werd het op een gegeven moment een gevecht. Ik dacht altijd dat ik een rare depressieve vader had die altijd in zijn badjas rondliep, op beelden zag ik nu hoe vrolijk en charismatisch hij was. Stoer en zacht. Slim en mooi. Ik kon geen genoeg krijgen van alle beelden, voor het eerst leerde ik als volwassen man mijn vader kennen. Totdat de beelden op waren. Ik besefte dat er nooit meer nieuwe beelden zouden komen. Dat ik me niet meer kon verheugen op een volgende video waarin hij voetbalde, lachte, zong of met mij knuffelde. Na het zien van het laatste fragment, waarin hij kort voor zijn dood in een radiostudio zijn hit 'Toen ik je zag' zong en daar één groot feest bouwde, heb ik een week gehuild. Voor het eerst sinds lange tijd rouwde ik om hem. Ik was hem opnieuw kwijt, zo voelde het althans. Maar dat niet alleen: doordat ik erachter was gekomen dat we zo veel op elkaar leken, realiseerde ik me ook dat hij de enige was die me écht had kunnen helpen. Die me meer dan een ander zou hebben begrepen. Die me vast had kunnen pakken en op weg had kunnen helpen, omdat hij zelf ook die weg heeft moeten vinden toen hij zo oud was als ik. Het schrijven van een boek over mijn vader heeft me snoeihard mijn rouw ingeduwd. Ik geloof niet dat die rouw al voorbij is – nog steeds kan het missen van mijn vader me naar de keel vliegen – maar ik voel wel dat ik meer rechtop sta dan in de periode ervoor. Ik liep vast in mijn leven doordat ik steeds weigerde mijn vader aan te kijken, terwijl hij een van de belangrijkste onderdelen van mijn leven is geweest. Niet alleen doordat hij mijn vader was, maar óók doordat hij er de helft van mijn leven niet was. Daardoor was ik niet alleen hem, maar ook mezelf kwijt.

Inmiddels heb ik mezelf redelijk gevonden, sowieso veel meer dan voorheen. Als ik terugdenk aan het moment dat ik besloot over mijn vader te schrijven zie ik een klein onzeker jongetje voor me. Iemand die zich altijd afgewezen voelde. Niet alleen door de maatschappij, maar ook door zijn vader. Nu zie ik in dat dat niet nodig is, dat ik trots mag zijn op mezelf, dat ik ertoe doe, dat mensen me serieus mogen nemen. Rouwen bleek daar een veel betere methode voor dan de sportschool. Die sportschool is waarschijnlijk mijn vlucht geweest, zoals het verzamelen van filmmateriaal een vlucht voor mijn moeder en de familie is geweest. Door spieren te kweken en breed te worden, dacht ik sterk te zijn. Maar dat was slechts de buitenkant, echt sterk ben ik nu pas.

OP BEZOEK BIJ

Edwin Spee en Julian van de Kamp

Zij verloren echtgenote en moeder Bibian Mentel

ISA

Het is al donker als we aan komen rijden in het prachtige bosrijke gebied waarin het huis van Edwin Spee zou moeten staan, maar nadat we al een tijdje langs dichte heggen en hoge bomen kronkelen, vraag ik me af of we het gaan vinden.

'Blijf nou maar rustig, mam,' zegt Merlijn naast me. 'We vinden het heus wel.'

Ik kan enorm slecht tegen verdwalen. Of tegen te laat komen. Zodra dat een combinatie wordt, blokkeer ik. Dan wil ik opgeven, mijn auto omkeren en naar huis rijden. Merlijn trekt een boek uit zijn tas: het gezicht van Bibian Mentel staat voorop, daarboven de titel *LEEF*.

'Deze krijg je straks van me mee,' zegt Merlijn. Hij trekt een boekenlegger uit het gesloten boek en leest voor. 'Maak van deze boekenlegger, samen met Bibian, jouw persoonlijke lijstje met twaalf tips voor een leven vol positiviteit!'

Ik hoor Merlijns ingehouden lach om mijn zoveelste gefrustreerde speurtocht. Ik raak er nog geïrriteerder door.

'Deze vind ik wel toepasselijk, mam: *Life is too short to be anything but happy*,' leest Merlijn voor.

Ik wil het boek afpakken en op de achterbank gooien, maar heb te veel bewondering voor Bibian Mentel om zo met haar boek om te gaan.

'Hou op, Merlijn!' zeg ik boos. 'Ik ben verdwaald en ga onmogelijk de weg vinden! Help me liever met zoeken.'

'Denk in mogelijkheden,' leest hij voor, 'niet in beperkingen.' Hij slaat het boek open. '21 jaar pieken en dalen,' leest hij hardop. '1 beenamputatie, 5 longoperaties, 56 uur narcose, 82 bestralingen, 54 zakken morfine, 11.542 angstige uren, 9817 tabletten paracetamol, 7728 uur in een ziekenhuisbed, 4845 uur revalideren.'

Ik ga steeds langzamer rijden. De stem van Merlijn in de stilte van de auto klinkt hypnotiserend en beklemmend. Om me heen lijkt het steeds donkerder te worden. Dat we verdwaald zijn, ben ik allang vergeten.

'43.680 kilometer fietsen, 2653 gezonde salades, 688 ijsjes, 5470 groene proteïneshakes, 22 keer McDonald's, 2014 en 2018 benoemd tot sportvrouw van het jaar, 2016 stoerste vrouw van Nederland, 1 prachtige zoon, 2 bonusdochters, Ridder in de Orde van Oranje-Nassau, 7 keer wereldkampioen, 128 keer goud, 786.980.000 (extra) hartslagen vol passie voor het leven, 1 titanium nekwervel, 15 van de 24 wervels vastgezet, 3 keer paralympisch goud, weinig bezittingen, heel veel herinneringen.'

Merlijn legt het boek op zijn schoot en zegt kalm: 'Daar is het, nummer vijftien. Zie je wel, alles komt altijd goed.'

Ik parkeer de auto naast de voordeur van het huis en zie nog net een eekhoorn een boom in schieten. Door een metershoog raam zie ik de hal die ik herken uit een van de vele televisiereportages die over Bibian Mentel zijn gemaakt. Met haar rolstoel reed ze rond over deze benedenverdieping, haar man Edwin en haar zoon Julian renden dan voor haar uit of achter haar aan om te helpen bij allerlei zaken die vanzelfsprekend zijn voor iemand die kan staan en lopen.

'Zijn we op tijd?' vraag ik.

'Twee minuten te vroeg,' zegt Merlijn.

Ik zucht en baal dat ik me weer zo druk heb gemaakt om niks. Ik pak het boek van Merlijns schoot en sla het open.

Februari 2021 – Ed en ik gaan voor een controle naar het Leids Universitair Medisch Centrum. Dokter Peul zegt dat mijn botten er goed uitzien. Mijn skelet is stabiel en mijn nek is schoon. Yes! Vervolgens gaan we naar de oncoloog. Dokter Gelderblom vertelt dat de plekjes op mijn longen ook stabiel zijn. Wauw, dit is allemaal goed nieuws! We willen bijna vertrekken, als ik zeg dat ik nog een klein dingetje heb.

'Ik heb wat last van mijn ogen.'

Ik krijg een verwijzing voor oogtesten, en mijn gezichtsveld wordt onderzocht. Daaruit blijkt dat mijn ogen goed zijn. Wat kan het dan zijn? Iets in de hersenen? Een TIA? Of een bloeding? Ik krijg een hersenscan en dan blijkt dat er diverse uitzaaiingen in mijn hersenen zitten. Shit. Kutkanker! Dit is echt heftig. Hoe gaan we dit aanpakken? Wat wordt het behandelplan?

Opereren blijkt geen optie, dus zitten we een paar dagen later in de VU om scans en een bestralingsplan te laten maken. Op vrijdag heb ik een afspraak om een bestralingsmasker te laten aanmeten, maar ik voel me zo beroerd en heb het zo benauwd dat we afzeggen.

's Middags belt Wilco Peul. Hij vraagt of we thuis zijn en of hij langs mag komen. Shit, dat klinkt niet goed.

'Er zitten meerdere tumoren in je hoofd,' vertelt Peul. 'Opereren is geen optie,' herhaalt hij. 'Het zijn te veel plekjes en er is een grote kans op bloedingen. Bestralen kan in mijn optiek ook niet, want er zijn te veel uitzaaiingen. De risico's zijn groter dan de te

verwachten resultaten. Maar het is jullie beslissing of jullie toch willen bestralen.'

Aan het einde van zijn bezoek zegt Peul dat hij is geschrokken hoe ik eraan toe ben en dat hij bang is voor een acute hersenbloeding of verstikking. Hij raadt aan Julian, Laila en Bella naar huis te laten komen om afscheid te gaan nemen. 's Avonds vertellen we aan de kinderen hoe het ervoor staat. Er zijn natuurlijk dikke tranen. Maar al snel herpakken we ons, delen herinneringen en lachen. We realiseren ons heel goed dat ik in 2016 al was opgegeven. Elke keer was er een nieuw behandelplan, maar nu niet meer. We spreken af dat, hoe het leven ook mag lopen, of het lang of kort duurt, wij blijven genieten van de dag. Van élke dag.

Vijf weken later overlijdt Bibian Mentel, ze werd achtenveertig jaar.

Inmiddels zijn we zeven maanden verder. Edwin en Julian hebben al televisie-interviews gegeven omdat ze de stichting van Bibian overeind willen houden. Ook is er nieuwe liefde ontstaan: Edwin heeft een nieuwe vriendin. De showbizzmedia deden er uitvoerig en ietwat verbaasd verslag van. Sinds de dood van Bibian lijkt het leven van haar gezin in een stroomversnelling te zijn geraakt: werken, liefhebben, leven. Ik snap niet hoe ze dat doen; toen Antonie zeven maanden dood was, hadden we nog geen idee hoe we ooit de weg weer zouden terugvinden. Ik voelde me destijds nog meer verdwaald dan vanavond: als ik nu om me heen kijk, sta ik midden in het bos. Toen zag ik alleen maar bomen.

'Kom mam,' zegt Merlijn. 'We moeten naar binnen.'

Ik kijk op mijn telefoon, we zijn alsnog vier minuten te laat.

De deurbel onderbreekt het oorverdovend gefluit van vogels die om ons heen in bomen zitten, het lijkt wel alsof we midden in de vogeltuin van Artis staan. Edwin Spee doet open. We hebben elkaar nog nooit ontmoet, ik ken hem alleen van televisie. Via Instagram had ik hem een bericht gestuurd. Ik schreef dat ik hem bij een talkshow had gezien en graag eens langs zou willen komen. Dat ik dan Merlijn mee zou nemen, misschien dat hij en Julian iets aan elkaar konden hebben, aangezien ze maar een paar jaar schelen in leeftijd en allebei een ouder zijn verloren. Edwin zei dat het dan wel op korte termijn moest, Julian ging vier maanden naar Canada om te werken en te snowboarden. Goed zo, dacht ik, ga er maar even lekker tussenuit. Merlijn deed dat ook, die vertrok op zijn zeventiende naar New York om cursussen te volgen en na te denken over wat hij wilde. Julian gaat nu op zijn achttiende hetzelfde doen, maar dan op een snowboard in de bergen. Even ver weg van het huis waar zijn moeder is gestorven.

Edwin leidt ons door het huis. Overal waar we kijken staan en hangen foto's van Bibian. Edwin vertelt dat het vroeger een vakantiebungalow was en dat ze het hebben verbouwd tot woonhuis. Dat er geen drempels zijn, is toeval: voor Bibians rolstoel heeft hij amper aanpassingen hoeven doen, ook de badkamer en de slaapkamer bevinden zich op de begane grond. Vol trots laat Edwin de badkamer zien die hij voor zijn vrouw heeft laten ontwerpen. Ze kon hier overal makkelijk bij en de douche was ruim genoeg om in te zitten. Als we via de badkamer de slaapkamer betreden, komt Julian ons tegemoet lopen. Hij lijkt sprekend op zijn moeder. Boven Edwins bed hangt een grote foto van hem en Bibian met de drie kinderen. Dochters Annabella en Laila zijn uit een eerder huwelijk van Edwin, zoon Julian is uit een eerder huwelijk van Bibian. Toch is Edwin in de loop der jaren een vaderfiguur voor hem geworden en Julian is na de dood van zijn moeder fulltime bij Edwin gaan wonen: Julian heeft nu de bovenverdieping voor zichzelf.

'Hier in de slaapkamer is ze na haar overlijden ook opgebaard,' zegt Edwin. 'Ze lag hier bij de openslaande tuindeuren op zo'n koelinstallatie. Die maakte best wat geluid en sloeg steeds aan en dan weer uit. Toen ben ik wel weer even boven gaan slapen, maar ik zat elke dag bij haar te kletsen. De eerste ochtend dat ik hier binnenkwam, had ik zelfs een kop thee voor haar meegenomen.'

Edwin moet lachen maar veegt tegelijkertijd een traan weg. 'Vijf weken voor haar dood spraken artsen de verwachting uit dat ze het weekend niet zou halen. Toch hield ze het nog tot het eind van de volgende maand vol. Ze lag hier op bed, waar we zo veel mogelijk bij haar zaten. Er kwamen vrienden langs, maar die mochten van haar geen afscheid nemen: ze zei altijd: "Tot de volgende keer." En meestal kwam er dan ook een volgende keer.'

'Ik was me er heel erg van bewust dat elke knuffel en elke kus die ik haar gaf de laatste kon zijn,' zegt Julian. 'Dat heeft best lang geduurd, vijf weken lang werd ze elke ochtend weer opnieuw wakker.'

'Onze dochter Bella had foto's uitgeprint,' zegt Edwin. 'Elke dag legde ze een nieuwe foto met een handgeschreven briefje voor Bibian neer, elke dag ging ze ervan uit dat het 't laatste briefje zou zijn. Maar Bibian bleef maar bij ons, waardoor Bella na een paar weken echt niets meer wist te schrijven.'

Julian moet hard lachen. 'Het betekent dat ik dus echt alles tegen mama heb kunnen zeggen wat ik wilde zeggen. Er is de afgelopen maanden niets geweest wat ik haar nog had willen vragen of vertellen. Dat is een hele geruststellende gedachte.'

'De laatste dag heeft ze hier nog met vriendinnen theegedronken en heeft ze hardop zitten lachen,' vertelt Edwin. 'Toen ze 's middags echt voelde dat het moment was gekomen, kwam ze nog omhoog om me een kus te geven. Dat lukte niet meer, dus liet ze zich met een glimlach op haar gezicht in haar kussen zakken. Ze kende absoluut geen angst.'

'Die eerste week na haar overlijden was achteraf bezien een hele fijne week,' zegt Julian. 'Ze was nog lekker bij ons in huis, waardoor we heel geleidelijk konden wennen aan haar dood en ze niet direct weg was. Eigenlijk was het net als in die laatste vijf weken van haar leven toen ze ook in deze kamer lag. Elke dag lag ik gezellig bij haar en kletste tegen haar, zowel voor als na haar overlijden.'

Edwin kijkt serieus. 'Het moment dat ze werd opgetild en in een kist werd gelegd, was wel heel heftig. Toen was ze ineens echt dood. Maar dat besef is ook goed. Die periode tussen overlijden en uitvaart waren al met al hele speciale dagen, met heel veel liefde en heel veel bezoek. Er kwamen zelfs zo veel mensen langs dat de uitvaartondernemer zei dat we op de avond voor de uitvaart beter geen bezoek meer toe moesten laten. We lieten iedereen steeds maar binnen, want ik vond dat iedereen die verdrietig was haar gewoon moest kunnen zien. Achteraf merkte ik pas dat ik dat anders had moeten doen. Zo gebeurde het bijvoorbeeld dat een van mijn dochters afscheid aan het nemen was, maar weggekeken werd door twee opdringerige vriendinnen van Bibian. Als je je dochter dan verdrietig in de bijkeuken aantreft dan weet je dat er iets goed fout gaat. Achteraf bezien had ik al die visite duidelijker instructies moeten geven: je mag langskomen, maar ons verdriet staat voorop. Dus pas je daar een beetje op aan. De uitvaartondernemer had ons dus geen beter advies kunnen geven: blijf de laatste avond lekker met elkaar als gezin, dat was heel fijn en intiem.'

'Willen jullie een wijntje in de woonkamer?' vraagt Julian.

We reageren allebei enthousiast omdat het raar voelt om zo lang in een slaapkamer te staan die onlangs nog als rouwcentrum diende. Als we richting de open keuken in de woonkamer lopen, valt Merlijns blik op een kamertje waar de deur van open staat.

'Wow,' zegt hij zacht.

'Ga maar naar binnen, hoor,' zegt Edwin tegen Merlijn.

Als ik m'n hoofd om de deuropening van het kamertje steek, kan ik amper geloven wat ik zie. De muren hangen vol met medailles die Bibian tijdens haar snowboardcarrière heeft gewonnen. Op de planken aan een andere muur staan alle bekers die ooit aan haar zijn uitgereikt. Merlijns ogen worden steeds groter door alle gouden plakken die hij ziet.

'128 gouden medailles in totaal,' zegt Edwin zacht. 'Die van de Paralympische Winterspelen in 2014 en 2018 liggen in een kluis, die zijn iets te waardevol voor dit kamertje. We moeten nog bedenken hoe we die een mooie plek gaan geven.'

In de woonkamer heeft Julian een fles witte wijn en vier glazen op tafel gezet. Als ik een grote kast in de woonkamer passeer, kijkt Bibian me vanaf een foto lachend aan. Naast de foto staat een urn. Ik schrik ervan. Niet eens zozeer van de urn, wel van het grote contrast met de tientallen medailles die ik daarvoor nog zag.

We gaan aan tafel zitten – de tafel waar Bibian een paar maanden geleden ook nog aan zat – en tikken de wijnglazen tegen elkaar.

'Hoe is het om nog in dit huis te wonen?' vraag ik. 'Haar aanwezigheid is nog zo goed voelbaar. Haar spullen staan hier, haar urn, haar prijzen.'

'Dat vind ik juist heel erg fijn,' zegt Julian. 'Ik word door mama heel blij van dit huis.'

'Zijn jullie er al aan toe om haar spullen op te ruimen?' vraagt Merlijn.

'Daar zijn we zelfs al mee begonnen,' antwoordt Edwin. 'Bibian had namelijk ontzettend veel kleren en nog meer schoenen, elke kast lag vol met haar spullen.'

'Is het moeilijk om dat weg te doen?' vraag ik.

'Niet echt,' zegt Julian. 'Als iemand zo veel kleren en schoenen heeft, heb je niet een bepaald gevoel bij een specifiek kledingstuk of bij dat ene paar schoenen. Daardoor viel het heel erg mee. En we hebben nu lekker veel kastruimte voor onszelf.'

Edwin vult aan: 'Wat gek genoeg wel heel zwaar viel was het moment dat haar rolstoel werd opgehaald. De laatste twee jaar van haar leven zat ze daar elke dag in, dus toen stond ik wel te huilen in de deuropening. Dat zag ik totaal niet aankomen. We hebben daarom besloten haar protheses te houden. Die liggen allemaal in een kast en daar blijven ze ook. Het zijn er zes: een wandelbeen, een hardloopbeen, een snowboardbeen, een galabeen enzovoorts. Daardoor horen er bij elke prothese eigen herinneringen. Die doen we dus niet weg, ondanks dat ik me geen moment kan voorstellen dat we ze er even gezellig bij pakken. Maar ze liggen daar goed in die kast.'

'Wat is het meest dierbare dat ze jullie heeft nagelaten?' vraagt Merlijn.

'Nou,' aarzelt Julian, 'wat ik niet wist, is dat ze vlak voor haar overlijden nog een brief heeft geschreven. Die is voorgelezen op de uitvaart, naast haar kist.'

Zijn stem breekt. Edwin pakt hem beet en geeft hem een knuffel. Daarna staat hij op en pakt de brief uit een la.

'Bibian richt zich hierin tot alle mensen die haar lief waren. Haar moeder, haar beste vriendinnen die de stichting al jaren runnen. En ook Julian, Bella, Laila en ik krijgen een laatste boodschap van haar. Dat is natuurlijk heel bijzonder. En vooral voor Julian heel waardevol.'

'Mama voelde zich altijd heel schuldig dat ze zo ziek was. Ze was bang dat ik door haar ziekte geen onbezorgde jeugd had. Ik vond het altijd zo erg dat ze daar onzeker over was, omdat ik haar juist zo geweldig vond. Ze was echt mijn maatje. In die brief vertelde ze dat haar schuldgevoel voorbij is gegaan doordat ik haar herhaaldelijk heb verteld dat ik me geen betere moeder heb kunnen wensen. Ik ben zo blij dat ze dat heeft aangenomen van me en dat ze me dat tijdens haar uitvaart nog extra duidelijk heeft laten weten.'

Lieve vrienden, lieve mama, lieve schatjes.

Alles is gezegd.
Alles is gevoeld.
Ik ben zo supertrots op jullie.

Mijn vriendinnen in het bestuur die samen met Ed en het team mijn droom beschermen. Mama, zonder jou was mijn leven anders geweest, zonder jou had ik het niet gekund. Ik hou van jou, het meeste in de hele wereld.

Meiden, wat zijn jullie mooi en wat zijn jullie lief. Ik ben zo trots op jullie. Ik hoop dat jullie snel gaan zien wat ik zie als ik naar jullie kijk. Niemand is perfect, maar jullie zijn *pretty damn perfect.*

Julian, ik ben zo trots op je. Je hebt zo goed voor mij gezorgd. Ik vond dat lang moeilijk, ik wilde eigenlijk dat jij een zorgeloos leven had. Je moet weten dat ik dat heb losgelaten. Ik weet dat ik goed genoeg was voor jou! Ik weet dat ik met een gerust hart kan gaan omdat jij een grote volwassen man bent geworden. Ik draag jouw mooie lach mee in mijn hart. Ik weet dat een plekje in jouw hart altijd van mij zal zijn, omdat je weet dat ik altijd bij je ben.

Lieve schat. Brombeer met zo'n lief klein hartje. Een lievere man had ik echt niet kunnen wensen, wat heb jij ongelofelijk goed voor me gezorgd. Ik hoop dat je rust vindt nu je niet meer zo voor mij hoeft te vechten. Ga meer aan jezelf denken en probeer niet alles te controleren. Geniet. Dat verdien jij, lieverd. Ik heb nog meer van je gehouden dan ik je ooit met woorden heb kunnen vertellen.

Dag allemaal.
Het is goed.
Geniet.
Weet dat ik altijd bij jullie ben.

En... *if you ever have a bad day, remember that I love you.*

'Jullie waren heel snel op televisie, drie weken na haar dood al,' zeg ik. 'Ik heb daar een paar maanden mee gewacht en zelfs toen vond ik het doodeng. Hoe was het voor jou, als jongen van achttien die net zijn moeder was verloren?'

'Nou ja,' zegt Julian, 'we werden heel veel gebeld en gemaild die eerste weken. Mensen op sociale media stelden ons vragen, journalisten wilden ons interviewen. Toen zijn we bij Humberto Tan aan tafel gaan zitten, daar konden we al die vragen in één keer beantwoorden. Niet vanwege ons als nabestaanden, maar vanwege mama's stichting die zich inzet voor mensen die kampen met een lichamelijke uitdaging. Die stichting gaat namelijk gewoon door, dat is altijd mama's grootste wens geweest.'

'Hoe gaat het nu met jullie?' vraag ik.

Ze kijken elkaar even aan.

'Goed,' zegt Julian.

'We staan nog,' zegt Edwin. 'Wonderwel eigenlijk. In het ziekenhuis boden ze me in de laatste periode van Bibians leven hulp aan. Ik was namelijk niet alleen haar man, ik was ook haar mantelzorger. Ze waarschuwden me dat ik in zou kunnen storten. Ik maakte me daar geen zorgen om, ik zei dat ik geen tijd had om in te storten omdat ik nu eenmaal voor Bibian en voor de kinderen moest zorgen. En toen ze eenmaal overleden was, lukte het ook nog steeds om te blijven staan. Een paar weken na het overlijden van Bibian zijn we naar Ibiza geweest en daar vroegen Julian en ik ons af hoe het kon dat geen van ons tweeën in elkaar was gestort na alle nare gebeurtenissen. We concludeerden dat het komt doordat we al heel lang op haar dood waren voorbereid. Zes jaar geleden werd al aangekondigd dat het ging gebeuren.'

'Zo lang als ik weet, is mijn moeder ziek,' zegt Julian. 'Ze kreeg haar eerste longoperaties toen ik een kleuter was. De ziekte keerde terug toen ik elf was. Voor mij was het inmiddels normaal dat ze ziek was en ik ging er ook telkens weer van uit dat ze het wel weer te boven zou komen, want dat gebeurde immers steeds. In mijn ogen was mama onoverwinnelijk. Pas in de laatste fase realiseerde ik me dat ze dat helemaal niet was. In mei 2016 vertelde mama me dat de artsen niets meer voor haar konden doen. Ik was twaalf en ik begon me op haar dood voor te bereiden, voor zover je dat kan als kind. Vanuit school kreeg ik toen hulp aangeboden, een psycholoog om mee te praten. Dat hielp me wel heel goed.'

'Dat vind ik heel knap,' zeg ik tegen hem. 'Merlijn kon dat helemaal niet in het begin.'

'Ik liep altijd weg als iemand over mijn vader begon,' zegt Merlijn. 'Ik wilde helemaal niet praten.'

'Ik vond dat ook lastig, hoor,' zegt Julian. 'Met mijn vrienden praatte ik er bijvoorbeeld helemaal niet over en met leraren ook niet. Misschien kende ik hen allemaal te goed. Juist doordat de psycholoog een vreemde voor me was, ging het praten me makkelijk af.'

'Dat vond ik heel fijn voor hem,' zegt Edwin, 'want Julian is normaal niet zo'n prater. Ik ben dat wel, dus ik probeerde heel vaak een gesprek met hem te openen door lijntjes uit te gooien. Er kwam dan niet zo heel veel los. Dus ik moest heel erg lachen toen hij – als kleine smurf die hij toen was – op zijn dertiende naar me toe kwam en zei: "Da's lekker, hoor. Even praten. Moet je ook eens doen."'

'Ik vind het heel fijn dat mijn vriendin mijn moeder nog heeft gekend,' zegt Julian. 'Met Marlies kan ik over alles praten. Dat kan met mijn vrienden ook wel, maar bij hen zoek ik toch meer afleiding. Dan wil ik even m'n hoofd leegmaken. Bij Marlies voel ik veel meer de behoefte om te praten, om het samen met haar te verwerken.'

'Hoe is dat nu voor jou?' vraag ik aan Edwin. 'Jij hebt inmiddels ook een vriendin.'

Edwin schenkt wijn bij en lacht aarzelend naar Julian. Die geeft hem een bemoedigende knipoog.

'Mama wilde heel graag dat Edwin na haar overlijden een nieuwe liefde zou vinden.'

Edwin moet hard lachen. 'Dat ging zelfs zo ver, dat we eens in een restaurant zaten en Bibian om zich heen keek en wilde weten wat voor soort vrouw ik leuk vond. Ik vond dat toen helemaal niet leuk, maar achteraf zie ik hoe lief en zorgzaam dat was.' Hij neemt een slok van zijn wijn. 'En toch... voelde ik me vreselijk na mijn eerste leuke avond met een ander.'

Julian legt een hand op Edwins schouder.

'Toen ik voor het eerst uit eten was gegaan met Mandy voelde ik me bij thuiskomst alsof ik was vreemdgegaan. Ik voelde me naar en heel slecht, ik stond te huilen in de woonkamer. Toen kwam Julian binnenlopen. Ik vertelde hem wat er gebeurd was en toen pakte hij mijn gezicht beet. "Je mag verdrietig zijn," zei hij, "maar je schuldig voelen absoluut niet. Mama had niets liever gewild."'

Edwin kijkt Julian lang aan en lacht naar hem.

'We bouwden het heel langzaam op,' vertelt Edwin. 'We gingen gewoon af en toe wat eten samen. Op een gegeven moment zaten we in een restaurant in Breukelen, aan de muur hingen foto's van sterke vrouwen. Naast een portret van Brigitte Bardot hing een enorme foto van Bibian. Ze keek me die avond dus voortdurend aan, maar wel met een grote glimlach op haar gezicht. En daardoor voelde het goed. Na een etentje belandden we samen op een slaapkamer waar we elkaar voor het eerst zoenden. Dat greep me naar de strot, ik gaf aan dat ik het nog niet kon. Ze was heel lief en zei dat ze alle geduld had.'

‘Heb jij haar al ontmoet?’ vraagt Merlijn aan Julian.

‘Ja, ik vind haar heel leuk en ik vind het ook helemaal niet te vroeg. Mama had het liefst gezien dat hij na een week al iemand zou vinden. Ik vind het dus alleen maar fijn, want ik zie dat Edwin gelukkig is. Ik vertrek straks voor vier maanden naar Canada, het is een fijne gedachte dat hij hier dan niet in zijn eentje verdrietig op de bank zit.’

‘Maar het is natuurlijk niet zo,’ zeg ik tegen Edwin, ‘dat je nu ineens niet meer verdrietig bent, toch? Want je bent ondertussen ook nog – hoe je het ook wendt of keert – de dood van Bibian aan het verwerken. Kan dat naast elkaar bestaan, verliefdheid en rouw?’

‘Blijkbaar wel,’ zegt Edwin zelfverzekerd. ‘Maar dat komt in mijn geval waarschijnlijk ook doordat we ons er zolang op konden voorbereiden. Bij jullie was dat anders: uit het niets was de vader van het gezin er niet meer, waardoor er een heel ander soort rouw volgt. Als Bibian net zo plotseling uit het leven zou zijn weggerukt als jouw man, zou ik daar maanden of jaren van in shock zijn. Dat is nu niet zo: we wisten allemaal dat het ging gebeuren en daar konden we ons zo goed en zo kwaad als het ging op voorbereiden. En natuurlijk ben ik haar dood nog steeds aan het verwerken en ben ik nog niet volledig aan haar afwezigheid gewend, maar dat betekent niet dat je naast dat verdriet en het gemis geen leuke dingen mag doen. Of geen geluksgevoelens mag ervaren. Ik ben heel erg gelukkig dat me dat gegeven is en ik ben me er heel erg van bewust hoe bijzonder dat is. Er zijn genoeg mensen die na de dood van hun grote liefde nooit meer nieuw geluk ervaren. Doordat ze de juiste persoon niet tegenkomen of doordat ze er niet voor openstaan. Ik kan dat gelukkig wel, al was ik zelf ook verrast hoe snel na Bibians dood dat al was. Maar als onze kinderen – de belangrijkste personen uit de levens van mij en Bibian – het toejuichen, waarom zou ik me er dan voor afsluiten? Dan zou ik immers Bibians motto tekortdoen: leef! Ik vergelijk het wel eens met regenbogen: als het regent terwijl de zon schijnt, krijg je een regenboog. Tijdens mijn verdriet om Bibian zie ik zonlicht dankzij Mandy. Dankzij haar zijn er elke dag regenbogen, daar ben ik haar heel dankbaar voor. Wat wel eens vergeten wordt, is hoe dapper de mensen zijn die het aandurven een relatie aan te gaan met iemand die zijn of haar partner verloren is. Ze heeft immers constant de foto's van Bibian om haar heen, hoort voortdurend verhalen over hoe fantastisch ze was en ze ziet me zelfs regelmatig om haar huilen. Toch maakt ze daar nooit een probleem van. Ze kende Bibian niet echt toen we elkaar ontmoetten, ik moest haar uitleggen dat ze die bekende snowboardster was. Sindsdien is ze zich pas in haar gaan verdiepen en kijkt ze met me mee naar de documentaires en televisie-uitzendingen die over haar gemaakt zijn. Laatst was ik met Mandy in Barcelona en zei ik dat ik me schuldig voelde omdat ik de hele dag niet aan Bibian had gedacht. Mandy begon toen heel hard te lachen omdat ik blijkbaar steeds over haar gepraat had. Welk straatje in Barcelona ze zo leuk vond en in welk tapasbarretje ik met Bibian geweest was en de leuke dingen die ik hier met haar gedaan had. Mandy is zich er bewust van dat Bibian dé liefde van mijn leven was. Als zij niet was overleden, was mijn verhaal met Mandy er ook niet geweest. Daar moet je maar tegen kunnen. Aan de andere kant: stel nu dat het overlijden van Bibian een boze droom is geweest en ze weer voor de deur staat. Ik vraag me wel eens af wat ik dan zou doen.'

Edwin drinkt het laatste slokje wijn uit zijn glas.

'Nou,' vraagt Julian plagerig, 'wat zou je dan doen?'

'Heel eerlijk? Ik zou dan niet automatisch voor Bibian kiezen, want ik vind Mandy inmiddels zo leuk dat ik niet zomaar afscheid van haar zou kunnen nemen. Daardoor weet ik dat mijn gevoelens voor haar oprecht zijn, dat ze niet zomaar een tussenfase is.'

De twee mannen kijken elkaar even aan.

'Is het stom dat ik dat zeg?' vraagt Edwin aan Julian.

'Helemaal niet. En het lijkt me heel leuk als mama even gezellig voor de deur staat. Dan kan ze zien hoe het nu met ons gaat. Dan zou ze zien dat het goed gaat met ons.'

'Geloven jullie dat ze nog ergens is?' vraag ik. 'Dat ze meekijkt?'

'Nee,' antwoordt Edwin, 'ik geloof niet in een leven na de dood of in een hemel of een hel of in reïncarnatie. Maar ik heb wel altijd gezegd dat ik geloof dat er dingen zijn die wij als simpele mensen niet kunnen begrijpen. Bibian en ik hadden een klein schemerlampje op batterijtjes naast het bed staan. Ik had met haar afgesproken dat ze die af en toe maar aan moest zetten zodat ik wist dat ze nog bij ons was. Direct de eerste nacht heb ik de batterijtjes eruit gehaald, want alleen dan zou ik zeker weten dat zij het was. Maar het lampje ging niet aan. De volgende nacht had ik de batterijtjes erin gedaan om het haar iets makkelijker te maken, maar het lampje ging weer niet aan. Toch heb ik gemerkt dat er dingen zijn die wij niet kunnen begrijpen.'

'Doordat we midden in het bos wonen,' vult Julian aan, 'hebben we altijd dieren om ons heen. Vogels kwetteren en zingen de hele dag door, zeker in de lente toen mijn moeder overleed. Als dan het raam openstaat, word je bijna gestoord van al die blije beesten. Mijn moeder genoot heel erg van al die dieren en van hun gezang. Op de dag van de uitvaart gebeurde er iets heel raars. Mijn moeder lag hier nog opgebaard in de slaapkamer en zou worden weggebracht. We deden de gordijnen en de buitendeuren van de slaapkamer open om even goed te kunnen luchten, want de deuren moesten de dagen daarvoor dicht blijven om het binnen koel te houden. Op het moment dat de deuren opengingen, viel het compleet stil buiten.'

'Alle vogels zaten zwijgend in de bomen,' vertelt Edwin. 'Het was alsof ze de aanwezigheid van de dood voelden. Een kwartier lang kon je een speld horen vallen, waarna heel langzaam het gefluit weer op gang kwam. Het is dus niet dat ik door Bibian in een leven na de dood ben gaan geloven, maar ik geloof nu wel dat er meer in het leven is dan wij kunnen waarnemen.'

We staan in de deuropening nadat ik voor het laatst naar alle foto's van Bibian heb gekeken. Merlijn pakt Julian bij zijn schouders en zegt het erg knap te vinden hoe open hij over zijn moeder en over zijn verdriet praat.

'Ga daar vooral mee door,' zegt Merlijn. 'Ik heb dat jarenlang niet gekund nadat mijn vader was overleden. En daardoor werd het alleen maar lastiger om mijn verdriet te kunnen verwerken. Ik zou willen dat ik er destijds zo makkelijk over kon praten als jij vanavond hebt gedaan.'

'Dank je wel,' zegt Julian, 'ik doe mijn best.'

'En wat stoer dat je naar Canada gaat,' zeg ik.

'Ik ga ook even met hem mee,' zegt Edwin. 'Ik breng hem weg en haal hem op. En ik denk erover om Bibian ook mee te nemen. Boven op een berg zouden we haar dan willen uitstrooien, het is dan vijf jaar geleden dat ze op die plek een gouden medaille won.'

'Dat zou heel mooi zijn,' zeg ik. 'Ik zal aan jullie denken. En ik zal op zoek gaan naar regenbogen, dat is een mooi inzicht van je.'

'Het gekke is,' zegt Edwin, 'dat troost en inzichten vaak uit heel onverwachte hoek komen. Vlak na Bibians dood was er een gala voor haar stichting, daar werd ik aangesproken door prins Constantijn. Hij condoleerde me en vertelde hoe het rouwproces rond zijn broer Friso is gegaan. Hij zei dat verdriet vaak gekoppeld is aan mooie momenten, de vervelende momenten mis je immers niet. Dat ben ik op den duur steeds meer gaan beseffen: als ik verdrietig ben, is dat niet zozeer omdat ze er niet meer is, maar omdat ze zo'n fantastisch mens was met wie ik ontzettend veel moois heb beleefd.'

Als we al in de auto zitten en ik terug het bos in wil rijden, vraagt Merlijn me nog even te wachten. Hij opent zijn portier.

'Ik vergeet bijna iets te vragen,' roept Merlijn naar Edwin en Julian die nog in de deuropening staan. 'Als jullie nu aan Bibian denken...'

'Ja,' zeggen ze tegelijkertijd.

'Als jullie nu aan haar denken,' zegt hij nog een keer, 'zit ze dan in een rolstoel of staat ze rechtop?'

Ze moeten allebei lachen om Merlijns lieve vraag. 'De rolstoel is weg, die is opgehaald,' zegt Edwin na even nadenken. 'Dus als ik nu aan haar denk, dan staat ze.'

'En ze loopt,' zegt Julian. 'Op twee benen.'

'Ja,' zegt Edwin, 'op twee gezonde benen.'

DRIJFVEER

ISA

Er zijn nooit periodes geweest dat ik dagenlang in mijn bed bleef liggen. Ik kan me zelfs niet herinneren dat dat ook maar één dag gebeurd is. Daarmee keur ik dat niet af: als jij het nodig hebt om je af te zonderen, als jij er behoefte aan hebt om de dag lekker aan je voorbij te laten gaan, doe dat dan vooral! Want een dag of een week (of zelfs een maand of een jaar) met de gordijnen dicht leven, betekent heus niet dat je ze nooit meer open zult doen. Voel je vrij om je eigen ritme te bepalen, je bent het aan niemand verplicht om de deur uit te gaan en er op je paasbest uit te zien. Ik sprak er eens met een collega over. Zij lag een half jaar huilend op de bank toen haar man overleed. Het verschil tussen haar rouw en de mijne is echter dat zij in een zorgeloos huwelijk zat. Op de laatste dag dat hij 's morgens naar zijn werk reed, keek ze hem na en besefte ze hoe gelukkig ze was. Daarna heeft ze hem nooit meer levend gezien. Bij mijn rouw was dat anders. De dood van Antonie kwam ook onverwachts, maar luidde tegelijkertijd een nieuwe fase in, vol nieuwe mogelijkheden – hoe cru dat misschien ook klinkt. Wanneer iemand overlijdt na een lang ziekbed, bijvoorbeeld door kanker, is er naast het verdriet vaak ook de opluchting dat het voorbij is. De zorg valt weg, de grauwe sluier van een ziekte verdwijnt uit je huis. Bovendien mag je weer voor jezelf gaan leven, terwijl je leven daarvoor om je zieke levenspartner draaide – of dat nou een fysieke of een mentale ziekte betrof. Het is heel normaal om je voor die opluchting te schamen, maar ik kan je verzekeren: dat hoeft echt niet. De strijd van je overleden dierbare was ook jouw strijd. En die is nu voorbij. Heb dus verdriet om het feit dat je partner de strijd verloren heeft en dat je diegene ontzettend mist, maar durf te vieren dat jij er nog bent.

Wat rouwverwerking zowel ingewikkelder als makkelijker maakt, zijn je kinderen. Voor hen móét je wel je bed uit; elke dag, of het nou doordeweeks is of in het weekend. Daardoor loop je het risico aan je eigen verdriet voorbij te gaan. Je wilt zo graag dat zij zich fijn voelen, dat je geneigd bent als een soort cliniclown door hun verdriet heen te hollen. Het is me altijd gelukt om sterk te blijven, om de controle te behouden. Achteraf bezien weet ik niet of dat nou zo goed was. Waarom zou een kind niet mogen zien dat de achtergebleven ouder het zwaar heeft? Dat er verdriet mag zijn? Dat ieder mens – zelfs je grote voorbeeld – het soms ook even niet aankan? Toen dacht ik echt dat dat niet kon, al huilde ik heus wel eens. Maar dat stond ik mezelf in die eerste fase alleen toe als de kinderen zelf huilden. Pas dan durfde ik wel eens met ze mee te doen. Ik stond mezelf niet toe hun zorgeloze momentjes waaraan ze even niet aan hun dode vader dachten te ruïneren met mijn verdriet. Waardoor mijn rouwproces heel gefaseerd verliep, ik had er soms gewoon geen tijd voor. Alleen als de kinderen op school waren gaf ik me eraan over. Dan fietste ik naar huis, haalde de enorme doos met rouwpost uit de kast en ging lezen. In die eerste fase werden we bedolven onder de lieve brieven en kaarten, vaak van wildvreemde mensen. Daar ging ik dan 's morgens doorheen, en zat ik urenlang te huilen om alles wat mensen over hem schreven en wat ze ons wilden vertellen. Ik heb alle post bewaard, het was zo veel dat ik nog niet eens alle enveloppen heb kunnen openen. Ik zal dat nog eens gaan doen, al zal ik dan ongetwijfeld weer urenlang zitten huilen. Na zo'n rouwpostsessie raapte ik mezelf weer bij elkaar en pikte ik de kinderen van school. Dan was ik weer de blije moeder die klaar stond voor hun eventuele tranen.

Pas later durfde ik meer aan mijn verdriet toe te geven, ook in het bijzijn van de kinderen. Tijdens een vakantie naar Hongarije – Antonie was toen al zeven jaar dood – zaten we op een terras en werd er klassieke muziek gespeeld, wat me enorm raakte. Ik miste hem ineens zo en kon mijn tranen niet inhouden. Merlijn nam me dat kwalijk. Niet zozeer dat ik huilde, maar omdat ik mijn verdriet bij hen neerlegde. Zo ervoer hij dat. Merlijn zat toen nog helemaal op slot, hij wilde er niks van weten. Ik ben toen naar de hotelkamer gegaan en heb enorm hard staan brullen. Ik voelde me zo ontzettend eenzaam op dat moment, terwijl we met z'n drieën waren. Maar rouwen doe je alleen. Zelfs als je samen hetzelfde verdriet deelt, ervaart iedereen dat op een andere manier, en in een eigen tempo.

Kinderen zijn ondertussen ook vaak een zegen op moeilijke momenten. Juist doordat je voor hen je bed uit moet, is er weinig ruimte om te gaan zwelgen. Om elke avond met drie flessen wijn op de bank te gaan liggen. Om luidkeels te huilen, ongezond te eten, het servies kapot te gooien of niet meer te douchen. Als je jezelf voorneemt om de kinderen een leuke dag te bezorgen, beleef je zelf ook leukere dagen. Door samen comedyfilms te kijken en lekker te lachen, door onverwachts uit eten te gaan, door je kinderen gewoon lekker tegen je aan te drukken en 's avonds bij ze in slaap te vallen. Dat is veel beter dan drie keer per week de *walk of shame* richting de glasbak te moeten doorstaan. Hoewel dat soms natuurlijk ook best lekker kan zijn, een avondje goed doorhalen. De boog kan niet altijd gespannen zijn.

MERLIJN

Sinds ik mijn rouwproces ben aangegaan, loop ik niet meer weg voor eventueel verdriet. Als ik me rot voel, dan laat ik dat nu toe zonder dat ik mezelf ga verdoven. Dan accepteer ik dat ik me gewoon even rot voel, want ik weet dat dat gevoel vanzelf weer weggaat. Dat gaat het namelijk echt. Vroeger drukte ik het weg, waardoor het later alsnog terugkwam. Maar dan lag het boven op een stapel van andere rotgevoelens, waardoor ik me er al helemaal geen raad mee wist. Inmiddels weet ik ook dat huilen helpt. Dat je je daaraan over moet geven en dat je je daarna beter voelt. Opgeruimd. Daarmee zeg ik niet dat ik tegenwoordig half huilend door het leven ga, want ik heb gemerkt dat je verdriet kunt plannen. Zit ik bijvoorbeeld met vrienden te gamen en ik voel me verdrietig – bijvoorbeeld doordat iemand naar mijn vader vraagt of doordat het over een andere vader gaat – dan laat ik die huilbui binnen en neem mezelf voor die morgen toe te laten als ik onder de douche sta. En dat doe ik dan ook. Dat lucht dan zo op dat de rest van de dag een stuk luchtiger aanvoelt.

SOCIALE MEDIA

ISA

Antonies verjaardag op 25 augustus is altijd een bijzondere dag, maar niet zo speciaal als andere mensen soms denken. Vrienden gaan ervan uit dat je op zo'n dag veel met hem bezig bent of hem heel erg mist. Dat is natuurlijk ook zo, maar op andere dagen mis ik hem soms nog meer. Mensen appen op zijn verjaardag oude foto's van hem door, en ik zet er dan ook altijd eentje op Instagram. Zo'n fotootje is dan mijn digitale monumentje voor hem, zoals dat in het echte leven zijn graf is. Ik zie het vaak op sociale media: er worden foto's geplaatst wanneer een dierbare pas overleden is of op de dag tien jaar dood, op Vader- en Moederdag, soms ook op dierendag bij een overleden huisdier. Sommige mensen vinden het dus blijkbaar fijn om even in het openbaar stil te staan bij iets wat andere mensen in de stilte van hun eigen huis herdenken. Waarom ik er zelf nog steeds behoefte aan heb om foto's te plaatsen op verjaar- en sterfdagen weet ik niet. De laatste keer schreef ik er de tekst onder 'Hoe fijn zou het zijn als we vandaag samen je vijfenvijftigste verjaardag zouden vieren, hè?'. Terwijl hij niet eens van verjaardagen hield. Maar ik vind het gewoon een mooi idee om hem erbij te houden. Om die reden is ook zijn Twitter-pagina nog online, al kijk ik daar nooit op. Hij hield daar nogal van, van twitteren.

Hij zag het als een podium waarop hij zijn ei kwijt kon. Voor zijn dood koos hij er niet voor om zijn Twitter-account offline te halen, dus is het ook niet aan mij om dat wel te doen.

MERLIJN

Toen ik jonger was en ik aandacht op Instagram nog heel belangrijk vond, plaatste ik soms foto's van mijn vader. Er volgden dan honderden hartjes en reacties, waarna ik dan weer in paniek raakte omdat ik niet wist hoe ik daarop moest reageren. In die tijd kon ik daar nog helemaal niet mee omgaan; nog steeds niet eigenlijk. Het was wel fijn dat mensen met me meeleefden. Ze wensten me sterkte en zeiden lieve dingen, zonder dat ik hen onder ogen hoefde te komen. Later postte ik berichten om andere redenen. Ik wilde dat mijn vader herinnerd zou worden, dat mensen af en toe weer even zijn gezicht zagen en zijn naam lazen. Ik zou het namelijk ook fijn vinden als mensen tien jaar na mijn dood me af en toe nog herdenken op Facebook of Instagram. Dat soort uitingen van liefde en verdriet zijn alleen maar mooi. Het doet mensen ook weer even beseffen hoe kort en kostbaar het leven is. En hoeveel geluk je hebt dat het je lukt ervan te genieten, want dat ging hem een stuk lastiger af.

De laatste tijd plaats ik nog steeds foto's van m'n vader op sociale media, maar ik hou het heel sec, zonder het soort teksten dat mijn moeder onder haar foto's plaatst. Ik laat hem meestal gewoon voorbijkomen in m'n *stories*, tussen de momenten met mijn vrienden of andere dingen die ik op een dag onderneem. Daardoor voelt hij als een onderdeel van mijn leven.

AFSCHEID

ISA

Doodgaan moet je helemaal zelf doen. Ik heb dat nog nooit gedaan, dus ik kan je daar geen enkel advies bij geven. Wat ik je wel kan aanraden: laat iets achter voor de geliefden die je achter gaat laten. Brieven, kaartjes, filmpjes, voicememo's, het maakt niet uit. Als je maar even laat weten wat iemand voor je betekend heeft. Ook als je kinderen hebt die nog te jong zijn om het te lezen of te bevatten, dat maakt niet uit; als ze ouder zijn, is het heel waardevol om te weten welke speciale rol je in het leven van een overledene hebt gespeeld.

Antonie heeft geen brief voor ons achtergelaten. Er was alleen een klein briefje op de keukentafel, een post-it, met de boodschap dat ik de politie moest bellen en niet zelf moest gaan zoeken. Daarnaast lag nog een ander papiertje waarop hij had gekrabbeld: 'Ik hoop dat jij het wel redt. Ondanks alles hou ik heel veel van jullie.' Ik heb nog vaak naar dat briefje gekeken. Wat was dat nou voor tekst? Het was een soort wanhoopskreet. Wat moest ik ermee?

Stiekem hoop ik nog eens een echte afscheidsbrief te vinden. Daarom zal ik die doos met rouwpost nooit wegdoen. Stel je nou voor dat er toch nog een brief van hem tussen zit. Dat hij die ergens had neergelegd en dat die in de chaos van de eerste dagen op de grote hoop is beland. Of dat hij 'm met de post heeft verstuurd en die brief al tien jaar gefrankeerd en al tussen de andere brieven ligt. Daarom moet ik van mezelf nog eens door die doos heen en echt alle enveloppen open maken, maar ik blijf dat maar uitstellen. Misschien omdat ik dan niets vind en dat daarmee het laatste sprankje hoop op een brief vervliegt. Of misschien juist omdat er wél echt nog een brief van hem tussen kan zitten. Die gedachte alleen al vind ik ook doodeng.

MERLIJN

Hoewel mijn vader geen brief voor me achterliet, heeft hij me postuum wel veel geleerd. Ik begon met het schrijven van *Nu ik je zie* omdat een vriend me erop wees dat ik altijd naar zijn stem kan luisteren, dat ik daarvoor alleen maar zijn naam hoef in te vullen in de zoekbalk van YouTube. Ik moest toen bekennen dat ik geen idee meer had van hoe zijn stem klonk, en dat ik nog nooit iets van hem bekeken had. Toen ik besloot naar hem op zoek te gaan in films en interviews leerde ik niet alleen veel over hem, maar ook over wat hij voor me voelde. Ik hoorde en las hoe hij mijn opvoeding zag, waar hij samen met mij van genoot, dat hij zichzelf er vaak aan moest herinneren dat hij mijn vader was en niet mijn beste vriend, dat hij het leuk vond dat ik voor Ajax was terwijl hij juist Feyenoord steunde. En dat hij hoopte dat ik later niet te veel zou gaan drinken.

Dat mijn vader beroemd was vond ik vaak lastig. Je wilt niet dat mensen bij het horen van je achternaam meteen aan zelfdoding denken en dat ook nog hardop tegen je uitspreken. Maar doordat hij beroemd was heeft hij op heel veel verschillende manieren kleine boodschapjes voor me achter kunnen laten en heb ik zijn liefde kunnen ervaren.

Toch had ik liever gehad dat hij al die dingen in één take voor me op camera had gezet. Dat hij het op een dvd'tje had gebrand en die naast het briefje op de keukentafel had gelegd. Dan had ik veel eerder begrepen dat zijn keuze niet aan mij lag, dan had ik gevoeld wat hij voor me voelde, dan had ik veel eerder door durven gaan met m'n leven. Laat mensen dus weten wat je voor ze voelt, ook als je niet op je sterfbed ligt. Want je weet nooit wanneer het ineens voorbij is.

ISA

Als er op die keukentafel toch een echte brief had gelegen, een brief die hij al een paar dagen aan het schrijven was en tweemaal dubbel had gevouwen zodat hij precies in een envelop met onze namen erop zou passen, wat hadden we dan in die brief willen lezen? Dat hij van ons hield, dat wisten we wel. Dat heeft hij ons zo vaak gezegd en dat vertelde hij ook in tal van televisie-interviews. Zou het dan misschien niet om de inhoud van die brief gaan, maar om de berusting die uit die brief naar voren kwam? Dat hij er écht goed over had nagedacht, dat het niet een opwelling was. Maar de zoekgeschiedenis in zijn computer vertelde ons dat ook al: hij was het dagen van tevoren al aan het voorbereiden. Misschien was hij aan een brief begonnen, een échte brief, maar merkte hij dat het hem deed wankelen. Misschien was hij bang dat het beschrijven van zijn liefde voor ons hem tegen zou houden, hem zou doen beseffen dat hij ons te veel verdriet zou doen, waardoor hij ervan af zou zien. En dan zou hij zijn gevecht door moeten zetten. Zijn gevecht tegen de pijn, de demonen, het gevoel van levend dood zijn. Misschien is dat dan wat we hadden willen lezen. Dat het écht niks met ons te maken had, dat we hem écht niet tegen hadden kunnen houden. Want er is altijd een ieniemienie stukje in je dat blijft twijfelen of je het anders had kunnen doen. Of je het toch had kunnen voorkomen, of je toch iets voor hem had kunnen betekenen als je had geweten wat dat zou kunnen zijn. Die gedachten zitten altijd in je hoofd. Met een brief had hij die gedachten weg kunnen nemen, of voorkomen dat ik ze überhaupt zou krijgen. En ik gun het de kinderen zo dat er een handgeschreven brief van hun vader was geweest waarin hij hen vertelde hoe gelukkig zij hem maakten, dwars door al zijn ongeluk heen. Dat zou een enorm geschenk zijn geweest.

Fragment uit *Je kunt het maar één keer doen* van Barbara van Beukering (uitgeverij Spectrum, 2020):

Op zaterdagochtend hoorde ik mijn telefoon piepen. Ik stond in de badkamer mijn tanden te poetsen, mijn telefoon lag nog op het nachtkastje naast mijn bed. Heel even dacht ik: stíl nou, het is zaterdagochtend. Maar als hoofdredacteur van een krant weet je nooit wat er op een zaterdagochtend kan gebeuren. Met de tandenborstel in mijn mond rende ik naar de slaapkamer. Ik zag nog in een flits 'Adriaan Jaeggi' in mijn schermpje staan. Toen ik de telefoon oppakte, was de verbinding verbroken. Te laat. Godverdomme, vloekte ik hardop. Adriaan was een doodzieke vriend en wat was het nou waardeloos dat ik uitgerekend zijn telefoontje had gemist. Ik probeerde hem meteen terug te bellen, maar dat lukte niet. Even later hoorde ik een piep en zag ik dat ik dat ik een voicemailbericht had. Ik belde de voicemaildienst en hoorde de zwakke vermoeide stem van mijn vriend: 'Dag lieve Barbara, met Adriaan. Het is nu zaterdagochtend en ik bel om afscheid te nemen. Het gaat heel slecht met mij en ik heb besloten euthanasie te plegen. Of te nemen. Of te ondergaan. Hoe je dat ook maar noemt. In ieder geval zal het dinsdag gebeuren en daarvoor zal ik je niet meer zien. Ik zal behalve mijn gezin en naasten niemand meer zien. Daarom bel ik je even. Ik bel je om je te bedanken. Ik wil je bedanken voor al die jaren dat ik columnist was bij *Volkskrant Magazine* en jij mijn baas. Je was een fantastische baas. Je las altijd mijn column op de dag waarop ik 'm had gemaild en reageerde meteen. Meestal enthousiast, soms kritisch, soms streng, maar altijd positief en opbouwend. Des te groter was de klap dat je me na jaren ontsloeg als columnist. Ik was diep gekwetst en verschrikkelijk boos. Onredelijk weet ik nu, want een hoofdredacteur heeft het volste recht om columnisten te vervangen. Dus ik wilde je toch nog even op de valreep laten weten dat ik spijt heb van mijn kinderachtige gedrag. Dat ik jou daar alleen in het restaurant liet zitten, met al dat eten en die wijn op tafel, dat was niet netjes. Sorry. Des te bijzonderder dat we elkaar een paar jaar later weer tegenkwamen en onmiddellijk vriendschap sloten. Wat konden we goed samen stappen en wat hebben we vaak het licht uitgedaan. Ook nog reuze bedankt dat je me de laatste drie maanden een column gunde in jouw krant. Het was fijn om een podium te hebben voor de stukjes over mijn ziekte. Jammer dat het maar zo kort heeft geduurd. Nou lieve vriendin, dank voor alles. Ik hoop dat we elkaar in een volgend leven weer tegenkomen. Dan gaan we samen weer lekker de bloemetjes buiten zetten. Dag.'

Ik keek naar de telefoon in mijn hand. Het was doodstil in de kamer. Minutenlang heb ik staan twijfelen of ik hem zou terugbellen. Maar hij klonk extreem zwak en vermoeid. Bovendien had hij niet voor niets zo'n lange boodschap ingesproken, dat kon-ie toch moeilijk herhalen als hij mij live aan de telefoon had. Ik besloot niet terug te bellen. Ik sms'te: 'Dank voor je ontzettend lieve woorden, het gevoel van vriendschap is enorm wederzijds. Ik houd van jou. Take care. XB'

Daarna ging ik op de rand van het bed zitten om een potje keihard te janken.

Het voicemailbericht van Adriaan heb ik jaren bewaard en nog heel vaak afgeluisterd. Totdat ik een ander telefoonnummer kreeg. Maar het was de eerste keer voor mij dat een dierbare afscheid had genomen en ik ervoer het als een geschenk.

OP BEZOEK BIJ

Xandra en Lola Brood

Zij verloren echtgenoot en vader Herman Brood

ISA

Onze echtgenoten worden vaak in één adem genoemd. Ik denk niet dat ze elkaar kenden, waarschijnlijk hebben ze elkaar zelfs nooit ontmoet. Toch roepen ze bij veel mensen dezelfde associatie op: ze hebben zich allebei van het leven beroofd. Herman Brood deed dat zo'n tien jaar eerder dan Antonie. Ook hij had een vrouw en kinderen. Zijn vrouw heet Xandra, zijn kinderen Marcel, Brenda, Lola en Holly. Marcel en Brenda waren al volwassen toen Herman overleed, maar Lola was slechts vier jaar ouder dan Merlijn terwijl jongste dochter Holly ongeveer net zo oud was als Vlinder destijds. Ik heb Xandra nooit echt uitgebreid gesproken. Als we elkaar tegenkwamen, begroetten we elkaar zonder daarbij de namen van onze overleden mannen uit te spreken. Merlijn en Lola hebben dat wel gedaan. Toen Antonie tien jaar dood was, werd Merlijn gevolgd in een documentaire waarin de nalatenschap van zijn vader werd onderzocht. Met een foto van Antonie werd Merlijn de straat opgestuurd. Hij moest aan voorbijgangers vragen of ze de man op de foto nog kenden, tien jaar na diens dood, en waarvan dan precies. Mensen op straat noemden *All Stars* en *De kleine blonde dood*, *Goede tijden, slechte tijden* en *Ik ook van jou*. Sommige mensen kregen tranen in hun ogen, anderen associeerden Merlijns vader vooral met zelfmoord. Ook de naam van Herman Brood werd daardoor genoemd. Het was voor de documentairemakers reden om Lola te bezoeken.

'Mijn vader overleed twee weken voor mijn twaalfde verjaardag,' zei Merlijn in een voice-over. 'De dochter van Herman Brood was iets ouder dan ik toen haar vader overleed, zij werd een week na zijn dood zestien. Vandaag ga ik met Lola op stap om te horen hoe het haar sinds de dood van haar vader is vergaan.'

Merlijn pikte Lola met zijn vaders lichtblauwe Cadillac op in het huis van haar moeder, Lola woont daar namelijk in het tuinhuisje. Daarna gingen ze naar het Amsterdamse Hilton-hotel, waar haar vader vanaf sprong. En ze bezochten zijn wassen beeld in Madame Tussauds. Dat beeld draagt de echte kleren van Lola's vader, het staat tussen de wassen beelden van andere schilders als Picasso, Van Gogh en Dalí. Het ontroerde me om Merlijn daar te zien staan met Lola: twee kinderen verbonden in hun lot door een beslissing die ze al jarenlang proberen te accepteren. Merlijn vroeg Lola hoe het met haar gaat, hoe het voor haar is geweest om een vader te verliezen aan zelfdoding, of de pijn ooit over gaat. Dat gaat het niet, vertelde ze. In een commentaar op de documentaire schreef *de Volkskrant* dat Lola als een van de weinigen begrijpt wat Merlijn doormaakt. Misschien is dat wel zo. En misschien wordt het daarom tijd dat hun moeders ook eens bij elkaar langsgaan. Xandra kwam er destijds ook alleen voor te staan met jonge kinderen, ook zij heeft de keuze van haar echtgenoot moeten accepteren, ook zij is geen man meer tegengekomen die in de schoenen van de vorige mocht gaan staan. Als ik Xandra een berichtje stuur, vraagt ze of Merlijn ook meekomt: Lola vindt het leuk om hem weer te zien. Het ontroert me opnieuw.

Merlijn is er al als ik binnenkom, hij zit op de bank met Lola te kletsen. Op haar laptop laat ze hem ontwerpen van haar nieuwe kledinglijn zien. Het zijn shirts en sweaters met kunst van haar vader, op sommige kledingstukken heeft Lola haar eigen kunst toegevoegd waardoor er een heel nieuwe combinatie ontstaat. Merlijn wijst aan welke hij het mooist vindt en zegt het shirt zelf ook te willen dragen als het er eenmaal is. Als ik bij ze ga zitten, krult een zwart-witte kat zich om mijn benen. Xandra komt uit de keuken met een dienblad waar vier koppen thee op staan. Ik merk dat ik volledig ontspan door de serene sfeer die hier heerst, het is nauwelijks voor te stellen dat Nederlands grootste rock-'n-roll-legende daar ooit onderdeel van was.

'Mijn vader was ook zo, hoor,' zegt Lola alsof ze mijn gedachten kan lezen. 'Hij was een enorme knuffelkont en wilde altijd met ons knutselen en spelletjes doen. Rummikub, Yahtzee, Mastermind.'

'Hoe ging het met hem in die laatste periode?' vraagt Merlijn aan Xandra. 'Heb je aan zien komen dat hij zou gaan doen wat hij heeft gedaan?'

'Aan het eind van zijn leven was hij heel ziek. Zijn lijf was op. Dus ik voelde wel aan dat hij zou gaan overlijden, maar ik had niet gedacht dat hij zelf over het moment zou gaan beslissen. Dat hij van het Hilton zou springen, had ik niet kunnen voorspellen. Ik dacht dat hij aan een overdosis zou overlijden of dat hij een hartaanval zou krijgen of een hersenbloeding. Voor dat laatste was ik het meest bang, want als hij dat zou overleven zou hij een kasplantje kunnen worden. Dat zou ik heel triest voor hem hebben gevonden en misschien dat hij daar zelf ook rekening mee hield. Dat hij dat dus voor wilde zijn. Bovendien was zijn leven niet meer leuk, want hij kon niks meer. Hij kon eigenlijk alleen nog maar op de bank zitten, heel depressief werd hij daarvan. Soms zei ik aan het einde van de dag: "Zo, je hebt heel wat beleefd vandaag: je bent van de ene kant van de bank naar de andere kant van de bank gegaan." Als hij van de bank af kwam, strompelde hij nog wel eens naar een cafeetje. Regelmatig hoorde ik dan ambulances omdat hij weer eens tussen een paar auto's was gevallen. Dan kon ik hem weer ophalen.'

'Heb jij dat doorgehad als kind,' vraag ik aan Lola, 'dat het niet goed ging met je vader?'

'Tegen het einde gebruikte hij eigenlijk geen drugs meer omdat die geen effect meer op hem hadden, hij was daarom vooral aan het drinken. Ik ben toen wel een paar keer boos op hem geworden: "Als je zo doorgaat, dan ben je er straks niet meer." Maar echt beseffen dat hij dood zou kunnen gaan, deed ik niet. Mijn vader overleefde namelijk altijd alles. Dan kwam hij weer uit een ziekenhuis of een kliniek en dan zat hij alweer vrolijk rechtop. Bovendien voelde het niet alsof we met een junk samenleefden, vooral niet toen hij nog vol aan de drugs zat. Mijn vader dronk wel de hele dag en hij gebruikte voortdurend speed, maar juist die combinatie maakte dat hij heel helder en nuchter overkwam. Ik heb mijn moeder vaker dronken gezien dan mijn vader, hij werd namelijk alleen dronken als zijn speed op was. Maar tegen het einde drong het wel tot me door dat hij aftakelde. Dan ging ik tekenspullen kopen zodat hij thuis lekker kon gaan tekenen, maar dan zei hij dat hij dat niet meer kon. Dat het hem niet meer lukte. "Ik wil wel, schatje, maar het komt er niet meer uit. Ik kan het gewoon niet meer. Het lukt niet."'

'Heb je het hem niet kwalijk genomen?' vraagt Merlijn. 'Dat hij het zo ver heeft laten komen?'

'Niet echt eigenlijk,' antwoordt Lola. 'Ik heb het hem wel

kwalijk genomen dat hij er niet na mijn geboorte mee is gestopt. Dat hij toen zijn verantwoordelijkheid niet pakte, dat hij niet mij boven die drank en drugs verkoos. Maar ik weet ook wel dat ik dat niet op die manier moet zien. Tegen het einde van zijn leven had het geen zin meer om hem iets te verwijten, want zijn lichaam was tegen die tijd al op. Toch ga ik nog steeds heen en weer tussen wat ik er nou eigenlijk van vind, zelfs twintig jaar later nog. Het ene moment beschouw ik het als euthanasie, hij heeft altijd gezegd geen tweedehands Herman Brood te willen zijn. Dat is een afgekickte versie van zichzelf, zonder drank en drugs. En ik durf te geloven dat hij dan niet gelukkig zou zijn geweest. Maar soms lukt het me niet om het te begrijpen. Dan fantaseer ik hoe het zou zijn als hij toch die tweedehands Herman Brood was geworden, dan was hij sowieso een eerstehands papa geweest. Soms denk ik dat als ik wat ouder was geweest, ik hem wel wat strenger zou hebben aangepakt.'

'Maar ik denk niet dat dat geholpen zou hebben,' zegt Xandra.

'Dat weet je niet,' zegt Lola. 'Aan het eind ging hij het wel proberen. Hij wilde ervan af.'

'Hij kreeg tabletten,' zegt Xandra, 'die ervoor moeten zorgen dat je niet gaat drinken. Het is namelijk heel gevaarlijk om die tabletten te combineren met alcohol. Maar hij dronk er gewoon doorheen. Op een gegeven moment vertrok hij naar een afkickkliniek in Londen. Dat vond ik wel even fijn, lekker het huis voor mezelf. Maar de volgende dag ging de voordeur open, was-ie alweer terug. Hij was verbaasd dat ik niet blij was hem te zien. Maar ik heb nooit geprobeerd hem ergens toe te dwingen, je gaat immers niet met iemand trouwen om hem te veranderen. Wel wilde ik dat hij gezond bleef, maar dat kon ik niet afdwingen. Afkicken moet je echt zelf doen, je moet wíllen veranderen.'

'Over het algemeen heb ik vrede met hoe het gelopen is,' zegt Lola, 'maar nog steeds kan ik eraan twijfelen of dat terecht is. Als ik hoor dat The Rolling Stones hun bloed laten zuiveren of als ik naar een televisieprogramma als *Verslaafd!* kijk, vraag ik me af of er echt alles aan gedaan is om hem te helpen. Het lukt veel van de verslaafden die eraan meedoen wel om af te kicken doordat ze in een kliniek ver weg in Afrika belanden. Had papa dat dan ook niet moeten doen?'

Ik kijk naar Xandra die aandachtig luistert naar haar dochter. Ik herken het zwijgen dat ze doet. Zoals Lola heen en weer kan schieten tussen gedachten en emoties, zo heb ik dat Merlijn ook zien doen. Het heeft niet veel zin om dat te sturen of om ertegenin te gaan, het is aan het kind om de gevoelens te kanaliseren en ze een plek te geven. Stel je voor dat die gevoelens door jouw toedoen per ongeluk op de verkeerde plek belanden, dan stapelen ze zich daar alleen maar op.

'Van veel mensen hoor ik dat ze opgelucht zijn als iemand na een ziekte overlijdt,' zeg ik tegen Xandra. 'Heb jij dat ook zo ervaren bij Herman? Dat je verlost was van de zorgen die je om hem had?'

'Mijn nachten werden wel een stuk rustiger, ja. Toen hij zich nog gezond voelde, maakte hij me vaak midden in de nacht wakker met de vraag of ik met hem wilde rummikuppen. "Nee Herman," zei ik dan, "de kinderen moeten straks naar school, maar daarna wil ik best met je rummikuppen." Tegen het einde waren de nachten vooral onrustig omdat ik bezorgd was of hij nog wel ademde. Dan ging ik met mijn oor boven zijn gezicht hangen om het te controleren. Op het moment zelf voelt het heel logisch om dat te doen: er ligt immers iemand naast je die niet hoorbaar ademt of een ander teken van leven geeft. Achteraf besef je pas hoe abnormaal dat eigenlijk is. Die laatste maanden bereidde ik me erop voor dat het een keer zou gaan gebeuren, dat hij er op een dag niet meer zou zijn. De jurk voor de uitvaart hing al maanden klaar in de kast. Steeds vroeg ik mezelf af: wat zou ik voelen als hij er op een dag niet meer is, als hij echt dood zal zijn? Toen die dag er was, dacht ik: zo voelt dat dus. Een leegte. Wat bij je hoort, is weg. En het dringt steeds meer tot je door dat het nooit meer terug zal komen. Ik vergelijk de eerste drie jaren van rouw wel eens met een vakantie van drie weken, het kent dezelfde volgorde. Als je op je vakantiebestemming bent aangekomen, is alles nog nieuw. Je moet alles voor het eerst bekijken en ontdekken. Waar zitten de winkeltjes? Aan welk tafeltje voel ik me prettig? Hoe laat gaat de zon op en wanneer wordt het donker? De tweede week heb je alles wel uitgezocht en voor het eerst meegemaakt, vanaf dan wordt het dus een herhaling. Daarin probeer je je rust te vinden en vaak genoeg lukt dat ook. En in de derde week van je vakantie begin je je voor te bereiden op het vertrek: je wilt weer terug naar je oude leven. Dan erger je je aan de omstandigheden waaraan je gewend bent geraakt, dan wil je terug naar huis, naar dat wat vertrouwd is. Zo loopt het in de eerste drie jaar van je rouw ook, met het verschil dat je écht niet meer terug kunt naar datgene wat zo vertrouwd heeft gevoeld.'

'Was dat derde jaar het moeilijkst?' vraagt Merlijn.

'Nee, dat klinkt nu zo. Maar eigenlijk was het tweede jaar het zwaarst. In dat tweede jaar was het zo normaal geworden dat hij dood was. Iedereen was eraan gewend, want alles hadden we al een keer meegemaakt: de eerste verjaardag zonder hem, kerst, oud en nieuw. Als dat allemaal achter de rug is, moet je ineens weer door. Maar je kunt niet door, want je wilt niet door.'

'Hoe was het voor jou om twee jonge kinderen thuis te hebben?' vraag ik. 'Jij stond er toen ook ineens alleen voor.'

'Ik ben eigenlijk heel blij dat ik thuis nog die twee kinderen had. Het lijkt me heel lastig om je partner te verliezen als je al een stuk ouder bent en je blijft alleen achter in het huis waarin jullie woonden. Als je nog kinderen thuis hebt, word je gedwongen om uit bed te komen en het leven weer snel op te pakken. De kinderen moesten naar school, Holly moest naar zwemles, vriendjes kwamen spelen en die moesten worden thuisgebracht. Dan ben je heel snel weer druk bezig. Natuurlijk had ik liever gehad dat de kinderen een stuk ouder waren toen Herman overleed, zodat ze elkaar goed konden leren kennen. Maar als ik het puur op mezelf betrek, was het heel fijn om in hun ritme mee te gaan.'

'Merlijn heeft geen herinnering aan het laatste contact met zijn vader,' zeg ik tegen Lola. 'Hij weet niet meer waar hij het met hem over had of wat ze toen deden. Jij was net een paar jaar ouder toen je vader overleed. Weet jij dat nog wel?'

'De avond ervoor had ik vriendinnetjes over de vloer. Het was begin juli dus we waren aan het oefenen voor een playbackshow op de camping. Het was een liedje uit *Moulin Rouge!*, dus we waren volledig uitgedost in rode pakjes met veel glitters en veren. Mijn vader kwam mijn kamer binnen en keek toe hoe we aan het lachen en dansen waren. Toen vroeg hij ineens: "Wat zou je ervan vinden als ik er nooit meer zou zijn?"

"Jezus pap," zei ik licht geïrriteerd, "ik zou een gat in de lucht springen. Wat bedoel je hiermee?"

Daarna gingen we weer verder met dansen en verliet hij de kamer. 's Avonds kwam ik hem nog een kus geven. Normaal trok hij me altijd op schoot om te knuffelen, maar nu deed hij dat niet. Hij deed afstandelijk tegen me. Koud. Hij wist het natuurlijk toen al.'

'Ik stond in de keuken de volgende ochtend,' zegt Xandra. 'Hij kwam de trap af. Normaal gesproken geeft hij me dan een kus, knijpt me in mijn schouders of slaat zijn armen om me heen.'

Ik kijk naar de witte theekop in mijn handen. Er staat een schilderij op van Herman Brood. Een vrouw in een blauwe jurk drukt haar rug tegen de borst van een man aan, hij heeft zijn armen om haar middel en geeft haar een kus. *Als ik jou niet had*, schreef hij erbij.

'Ditmaal pakte hij me niet vast,' zegt Xandra. 'Ik draaide me om, maar hij zei niks. Hij had een hoed op en keek me heel kort aan. Toen liep hij de deur uit, zonder iets te zeggen. Wat raar, dacht ik, maar hij wist natuurlijk precies wat hij ging doen. We woonden vlak bij het Hilton, daar liep hij naartoe. Aan de bar van de lounge heeft hij een glas melk gedronken en de krant gelezen, hij vroeg nog aan een gast of hij zijn leesbril even mocht lenen. Vreemd vond ik dat. Als je van plan bent om straks uit het leven te stappen, waarom ga je dan vlak daarvoor nog de krant lezen? Wat interesseert het je dan nog wat er in de wereld gebeurt? Vervolgens ging hij aan een tafeltje zitten schrijven. Herman kwam er vaak, dus de medewerkers kenden hem goed. "Wat ben je allemaal aan het schrijven?" vroeg een ober. "Een afscheidsbriefje," antwoordde Herman. Hij rekende af om tien minuten over twaalf in de middag, dat stond op het bonnetje dat voor me is uitgedraaid. Herman had nog een caipirinha met rum en twee alexanders met cognac gedronken en is daarna naar het dak van het hotel gegaan. Pas nadat hij naar beneden was gesprongen, realiseerde de ober zich wat voor soort afscheidsbriefje dat geweest moest zijn. In de prullenbak vond hij de verfrommelde papiertjes terug die op tafel waren achtergebleven.

Drown in my own tears
Voor de familiely
J. v. Eykstr. 45

Xandra
& alle skatjes,
Deze snelheid
in plaats van
opbranden
dat laat ik
aan de crematie
over. Mijn laatste
wens: Rous door
zoals ik deed
met Grieg, B.I.G.*,*
Lou en treur
niet!

maak er een
feest van
Ik zie jullie nog
wel eens. Ik ga
nu bungy zonder
elastiek.
Genade – pappa

'Ik ben heel blij met die briefjes,' zegt Lola. 'Stel je voor dat hij gewoon was weggegaan zonder doei te zeggen.'

'Wij hebben zoiets niet,' zeg ik. 'Antonie had een heel kort briefje achtergelaten. *Sorry. Ik trek het niet. Ik hoop jij wel. Ondanks alles hou ik heel veel van jullie.*'

'Hij had dus wel íéts geschreven,' zegt Xandra.

'Ja,' antwoord ik, 'maar richt je in zo'n briefje even tot de kinderen. Ik ben achttien jaar met hem samen geweest. Dus dat hij van mij hield, wist ik wel.'

'Dat had mijn vader ook best wat meer mogen doen,' zegt Lola. 'Hij richt zich in zijn briefje tot ons allemaal, maar hij had ons best even een voor een kunnen benoemen en behandelen.'

'Je weet natuurlijk niet wat er in iemands hoofd omgaat op zo'n moment,' zegt Xandra, 'je verkeert waarschijnlijk in een soort trance.'

We kijken naar het afscheidsbriefje dat voor ons op tafel ligt.

'Wie zijn Grieg en Lou?' vraagt Merlijn.

'Een componist, Edvard Grieg,' antwoordt Lola, 'en Lou Reed was zijn idool.'

'En hield hij zo van The Notorious B.I.G.?' vraagt hij.

'Die dag waarschijnlijk wel,' zegt Xandra.

We lachen.

'Hij schrijft: *Ik zie jullie nog wel eens*,' zeg ik. 'Geloven jullie daarin?'

'Ik vind het heel leuk om dat te geloven,' zegt Lola. 'Dat hij daarboven ergens aan de bar hangt en dat ik dan ooit bij hem aanschuif.'

'Wat is dat toch,' vraag ik, 'met die bar? Ik heb zelf ook zo'n beeld voor me, dat Antonie daar lekker aan de bar zit. Het is nooit een ontbijttafel of een grasveld, het is altijd een bar.'

'Dat wil je toch gewoon als je dood bent,' zegt Lola, 'dat je even lekker aan de bar mag hangen met iedereen die je daar tegenkomt. Ik vind het heel leuk om dat te geloven en ik kan me er ook niets bij voorstellen dat het straks echt klaar is.'

'Dat lukt mij ook niet,' zegt Xandra, 'dat er dan slechts een groot zwart vlak is. Ik denk het wel, hoor. Het zal wel gewoon klaar zijn. Maar ik wil dat niet. Ik wil dat niet geloven. In mijn beleving heb ik nog wel eens contact met hem gehad na zijn dood, we hebben zelfs geknuffeld. Hij hield me vast in bed en ik aaide hem over zijn hoofd. Ik voelde dat hij zijn haren net weer kort had geschoren, zoals hij dat vlak voor zijn overlijden ook had gedaan. Ineens schrok ik wakker. Ik riep hem toe: "Jij bent toch dood?" maar toen was hij alweer weg. Het was geen droom, dat weet ik zeker. Hij was er echt.'

'Ik heb dat ook met hem meegemaakt,' zegt Lola. 'Ik lag in bed en voelde een hand in mijn nek, precies op de plek waar papa ook altijd een hand neerlegde. Zijn andere hand lag altijd in mijn zij, ook daar voelde ik toen een hand. Die plekken werden heel warm, het was een heel fijn en veilig gevoel. Ik droomde ook eens dat ik een gesprek met hem had. Ik vroeg hem of hij mijn dagboek kon lezen. Hij zei dat als ik het openleg op de juiste bladzijde, dat hij het dan kon lezen. Vanaf dat moment heb ik heel vaak pagina's uit mijn dagboek voor hem opengelegd, zodat hij wist hoe ik me voelde.'

'Ik wens hem nog steeds welterusten,' zegt Xandra. 'Bovenaan de trap hangt een schilderij waarop hij heel mooi en heel realistisch is afgebeeld. Onderweg naar mijn slaapkamer passeer ik het en dan kijk ik hem in de ogen. Ik praat er ook wel eens tegen. Dan wil ik hem gewoon even vertellen wat ik heb meegemaakt of waar ik over pieker.'

'Draaien jullie zijn muziek nog wel eens?'

'Als ik hem heel erg mis, draai ik zijn muziek,' zegt Lola. 'Als ik dat doe op de momenten dat ik moet huilen, heb ik het gevoel dat hij me ziet en dat hij zich schuldig voelt. Ik vraag me dan af of hij zou hebben verwacht dat ik hem zo lang na zijn dood nog steeds zo heel erg zou missen.'

'Welk liedje vind je het mooist?'

'Ik vind heel veel nummers lekker,' zegt Lola. 'Van "Never Be Clever" word ik altijd heel vrolijk, dan zie ik mijn vader weer met The Wild Romance op het podium staan. Maar welke altijd dierbaar is, is "When I Get Home". Het is een vrije bewerking van "Right Now I'm A-Roaming", een liedje van Nick Cave, maar de versie van mijn vader is veel mooier. Hij zingt hierin hoe fijn het is om bij ons thuis te komen. Het is het allerlaatste liedje van zijn allerlaatste plaat.'

When I get home
I'm gonna sit on my bed
When I get home
Your feet back in' my head
When I get home
I won't answer the phone
But right now, right now, right now I'm here on the road

When I get home
I'm gonna touch your hair
When I get home
I'm gonna touch you there
When I get home
I'll be on top of you
But right now, right now, right now I'm here on my own

When I get home
I know it ain't no sin
When I get home

You know I take off my skin
When I get home
I dance around in my doors
But right now, right now, right now I'm cruising alone

When I get home
I'm gonna see my girls
When I get home
I'm gonna buy them a toy
When I get home
They're gonna jump with joy
But right now, right now, right now I'm flying alone

'Hoe hoorden jullie dat hij was gesprongen?' vraagt Merlijn.

'Mijn moeder was met Holly in het circus,' antwoordt Lola. 'De politie stond voor de deur. Omdat mijn moeder er niet was, vertelde de politie het aan mij. "Je vader heeft zich van het leven beroofd." Omdat het al in het nieuws was, moest mijn moeder er zo snel mogelijk over worden ingelicht.'

'Ik zat in die circustent en zag dat mijn telefoon ontplofte,' zegt Xandra, 'tientallen gemiste oproepen. Toen ik naar buiten liep, zag ik Lola aan komen lopen met twee politieagenten. Toen wist ik wel dat er iets heel erg fout zat. Het stomme was, dat we op weg naar het circus nog langs het Hilton waren gereden. Er was een hoop gedoe en er stond een helikopter, dus Holly riep dat ze wilde gaan kijken. Gelukkig moesten we nog een vriendinnetje van Holly ophalen dus was daar geen tijd voor.'

'Toen ik mijn moeder zag en haar vertelde dat papa dood was, zakte ze bijna door haar benen.'

'Ik begon te schelden. "Eikel. Lul."'

'Heel snel herpakte je jezelf.'

'Toen zijn we naar het politiebureau gegaan, op de Van Leijenberghlaan, en daarna naar het mortuarium. Ik moest hem identificeren, al had ik niet eens door dat ik dat aan het doen was. Gelukkig zag hij er mooi uit. Hij was op zijn benen terechtgekomen, die waren daardoor zo goed als verbrijzeld, maar zijn gezicht was nog helemaal intact.'

'Hoe was dat voor jou,' vraag ik, 'om je vader opgebaard te zien?'

'In mijn leven is dat wel het heftigste wat ik heb meegemaakt. Hij lag onder een wit laken, waar zijn hoofd en blote schouders bovenuit staken. De eerste keer viel ik bijna flauw.'

'Lola en haar oma zouden kleren voor hem meenemen,' zegt Xandra, 'maar dat vergaten ze steeds. Toen hij eenmaal was aangekleed, lag hij er een stuk mooier bij. In een zwarte kist in een mooi zwart pak.'

'Toen vond ik het wel fijn om hem te zien,' zegt Lola.

'Jij zat alleen maar aan hem te friemelen. Aan zijn handen en zijn gezicht, dat was heel mooi. Ook Holly ging er heel ontspannen mee om, die deed de handstand en maakte salto's. Ik was constant bang dat ze tegen de kist zou stoten en dat Herman eruit zou vallen en over de vloer zou rollen.'

'Hij is gecremeerd en bijgezet op Zorgvlied,' zegt Merlijn, 'vlak bij het graf van mijn vader. Gaan jullie daar vaak heen?'

'Drie keer per jaar, denk ik,' zegt Lola. 'Met zijn verjaardag, zijn sterfdag en meestal rond kerst. Het is een fijne plek, er staat een grote stenen engel die over hem waakt. Maar ook het Hilton vind ik fijn. Veel mensen vinden dat vreemd, maar wij hadden geen andere keus dan die plek omarmen. We woonden er om de hoek, dus we zagen het gebouw altijd. Een week na zijn dood werd ik zestien, de eigenaar van het Hilton heeft toen voorgesteld dat ik er mijn verjaardag zou vieren. Dat voelde eigenlijk heel erg goed omdat papa daar voor het laatst geweest is. En ook toen hij was gesprongen, werden we er opgevangen in de bar. We mochten ook het dak op, diezelfde dag nog, om te zien waar papa gestaan had. Je moest daar nog behoorlijk voor klimmen, over allerlei hekken heen. Vanaf het punt vanwaar hij sprong, had je een prachtig uitzicht over Amsterdam. Je kon zelfs mijn kamer zien, waar ik op dat moment nog steeds de *Moulin Rouge!* aan het oefenen was.'

Lola valt even stil.

'En toch...' zegt ze.

Ze neemt een slok thee, zet het kopje neer en pakt die toch meteen weer op.

'Wat wel heel vreemd is, is dat ik altijd rare gedachtes heb als ik ergens ben waar het hoog is. Dat komt waarschijnlijk door mijn vader of doordat ik op de plek heb gestaan waar hij ook stond. Als ik op een balkon sta of op iets anders hoogs waar ik vanaf zou kunnen springen, kijk ik om me heen. Wie is er nu bij me? Bellen zij mijn moeder als ik spring? Terwijl ik helemaal niet wil springen, want ik wil helemaal niet dood.'

'Dat heb ik ook gehad,' zegt Merlijn.

Ik schrik daarvan. Dat ziet Merlijn en hij nuanceert het.

'Ik had dat altijd op school, na papa's dood. Daar waren hoge trappen en dan fantaseerde ik wel eens hoe het zou zijn als ik zou vallen. Ik geloof niet dat ik wilde springen, maar misschien zijn dit soort gedachtes en gevoelens niet gek. Misschien heeft ieder kind van een dode ouder dat wel.'

'Jullie zijn natuurlijk ook anders dan de kinderen die nooit een ouder hebben verloren of die nooit met de dood te maken hebben gehad,' zeg ik. 'Ik vergelijk het wel eens met de eerste nacht dat Antonie dood was. We waren toen heel bang, al kon ik dat toen nog niet verklaren. Want voor hem hoefden we niet bang te zijn, hij was immers gewoon papa. En hij had het zelf gedaan, dus we hoefden ook niet bang voor een ander te zijn. Het was dus niet zozeer angst wat we voelden, het was het besef dat de dood was langs geweest. In ons huis, in ons gezin. En de gevolgen daarvan zijn er nog steeds, waardoor we er nog steeds last van kunnen hebben.'

'Dat je hier in het tuinhuisje woont, betekent dat jullie heel erg hecht zijn,' zegt Merlijn tegen Lola. 'Wij zijn als gezin ook heel hecht. Denk je dat dat komt door wat we hebben meegemaakt? Dat een sterfgeval binnen een gezin de achterblijvers extra beschermend maakt naar elkaar toe?'

'Dat denk ik wel,' zegt Lola, 'al waren we ook al heel hecht toen mijn vader nog leefde. Wat wel nieuw was, was de angst om mijn moeder te verliezen. Ik raakte heel erg bezorgd om haar en was doodsbang dat zij ook weg zou kunnen vallen.'

'Dat heb ik ook gehad,' zegt Merlijn. 'Bij elk zwaailicht dat ik zag, dacht ik aan mijn moeder. Dat was waarschijnlijk ook een stukje onverwerkt trauma doordat er zo veel blauwe zwaailichten waren toen mijn vader overleed.'

'Stom hè,' zegt Lola. 'Ik was nooit bang dat mijn vader zou overlijden, jij als elfjarige ook niet, en nu zijn we als de dood dat onze moeders iets overkomt. Maar dat is niet de voornaamste reden dat ik hier woon, het is ook gewoon heel praktisch en gezellig. Mijn vriend woont nu ook bij me, hij vindt het echt heel leuk om hier te wonen. Bovendien hebben we een eigen opgang, dus het is niet zo dat we via haar voordeur ons huis in moeten. Maar tuurlijk is het een fijne gedachte dat ze hier niet in haar eentje op de bank zit en dat ik een heel eind uit de buurt woon.'

'Vooral in coronatijd,' zegt Xandra. 'Ik vind het heel fijn dat Lola zo dicht in de buurt is. Want ik vind zulke periodes heel ongezellig. Iedereen blijft thuis, echtparen en stelletjes gaan gezellig cocoonen. Dat is dan wel heel erg eenzaam. Ik voel me heel bevoorrecht dat ik mijn dochter elke dag zie.'

'Je hebt nooit een nieuwe grote liefde gevonden nadat Herman overleden was, toch?' vraag ik aan Xandra.

'Nee.'

'Zou je het willen?'

'Het lijkt me heel leuk als het heel leuk is. Als dat niet zo is, dan hoef ik het niet. Ik wil geen gedoe en gezeur, ik wil dat het dan écht leuk is. Ik wil sowieso nooit meer samenwonen.'

'Heb je wel eens een date?' vraag ik.

'Nee. Al een hele poos niet meer.'

'Ik ook niet, hoor,' zeg ik, 'maar dat vindt iedereen wel heel erg raar.'

'O, bij mij vinden ze het ook raar. Maar ik ben er niet echt mee bezig. Het zijn vooral Lola en Holly die het leuk zouden vinden.'

'Het lijkt me gewoon heel erg fijn voor je,' zegt Lola. 'Een gezellige bourgondische man waar je tegenaan kunt kruipen op de bank. Waarmee je dingen kunt overleggen die je bezighouden. Een weekendje weg.'

'Dat lijkt me wel heel erg leuk,' zegt Xandra. 'Even met iemand op vakantie. Even de deur uit, dat iemand me ergens naartoe rijdt. Het lijkt me ook heerlijk als hij handig is. Herman was dat totaal niet, hij had trouwens ook geen rijbewijs. In het huishouden deed hij vrijwel niets, hij maakte meer troep dan dat hij opruimde.'

'Hij hielp toch wel met de kinderen?' vraag ik.

'Hij bracht ze wel eens naar school, maar het gebeurde vaak genoeg dat hij dan met ze op het terras belandde. Dan moest ik aan hem uitleggen dat dat echt niet kon, dat kinderen leerplicht hebben.'

Merlijn lacht hier hard om, ik denk dat hij het nog best prima met Herman Brood had kunnen vinden. En ik vind Xandra leuk. En Lola. Wat gek dat we nooit eerder met elkaar hebben afgesproken. Dat voelde altijd raar, omdat de enige reden dat we dat zouden doen, de zelfdoding van onze echtgenoten zou zijn. Maar nu we hier zo met elkaar zitten, heb ik meteen zin om een nieuwe afspraak te maken.

'Dus we zien elkaar de volgende keer bij mij,' zeg ik als we onze jassen aantrekken, 'dan is Vlinder er ook bij. Nemen jullie Holly dan mee?'

'Ja leuk,' zegt Lola, 'gaan we fijn voor jullie tinderen.'

'Gezellig mannen swipen voor onze moeders,' lacht Merlijn.

Ik kijk om me heen. Tot boven aan de trap hangen foto's van Herman. Ik zie het geschilderde portret dat Xandra 's avonds welterusten wenst. In een fotolijstje hangt het bonnetje van zijn laatste drankjes in het Hilton-hotel, 11 juli 2001, tien minuten over twaalf.

'Hebben jullie eigenlijk nog spullen van Herman zelf?' vraag ik.

'Er staan boven nog wel wat schoenen van hem, maar zijn kleren zijn zo goed als vergaan. Ik zou zijn geur nog wel eens willen ruiken, want die is nergens meer. Niet dat hij nou per se zo lekker rook, maar voor mij was het een fijne geur.'

'Merlijn droeg tot jaren geleden de luchtjes van Antonie nog wel eens,' vertel ik, 'totdat die flesjes leeg waren. Als Merlijn dan langs me liep, rook ik hem ineens weer.'

'Ik heb dat als ik op een festival ben,' zegt Lola. 'Als iemand daar speed gebruikt, denk ik: o ja, zo rook onze wc vroeger.'

We lachen weer. We lachen veel vandaag.

Als we buiten staan, zeg ik: 'Leuk hè?'

'Heel leuk,' antwoordt Merlijn.

'Ja,' zeg ik.

'Echt heel leuk.'

EENOUDERGEZIN

ISA

Als je partner en daarmee de vader of moeder van je kinderen wegvalt, kun je als alleenstaande ouder de neiging hebben om enorm te gaan compenseren. Doe het niet, want dat is superfrustrerend. Je kunt namelijk niet meer zijn dan gewoon jezelf. In een relatie ben je daarmee onderdeel van een wisselwerking en verdeel je de taken: als de een zich niet goed voelt, neemt de ander wat extra verantwoordelijkheden op zich. Nu ligt alles op jouw bord in een periode waarin je je nog nooit zo slecht hebt gevoeld. Ook in de opvoeding merk je dat. Wanneer de ene ouder het op zich neemt om streng te zijn, kan de andere ouder troosten en dezelfde boodschap in een vriendelijker perspectief zetten. Na de dood van hun vader was ik *good cop* en *bad cop* ineen: eerst heel streng en daarna schakelen naar een vriendelijker variant daarvan. Dat is natuurlijk ook voor de kinderen enorm verwarrend.

Daarnaast merkte ik dat ik steeds meer over mijn eigen grenzen heen ging. Ik wilde graag dat ze nog net zo veel lol konden maken als ze altijd met hun vader hadden gedaan. Dus ging ik kussengevechten houden waar Merlijn beleefd aan meedeed, maar er de lol niet van inzag. Hij was veel te bang dat hij zijn moeder pijn zou doen. Of ik nam ze mee naar Disneyland Parijs en ging heel stoer met ze in alle achtbanen, terwijl Merlijn ook wel wist dat ik daar helemaal niet tegen kon en er kotsmisselijk van werd. Maar ik weigerde als een watje aan de kant te blijven staan zodat zij daar zonder een ouder dat ritje moesten beleven. Dus stapte ik over mijn eigen angsten heen, waarna ik om het hardst zat te gillen. Toen ik op een gegeven moment ook overwoog om tegen m'n zin met de kinderen te gaan kamperen omdat Antonie dat ook vaker met ze deed, stopte ik met de zelfgecreëerde poppenkast. Ik besloot om gewoon een moeder te zijn, want het is nu eenmaal niet mogelijk om iemand te vervangen die zo belangrijk is geweest. En hoewel die keuze het heus niet allemaal makkelijker maakte, werd het wel overzichtelijker: papa is dood, maar ik ben er nog. En ik sta altijd voor je klaar.

Meer hoef je niet te doen, je moet er gewoon zijn. Dat is het enige wat een kind nodig heeft.

MERLIJN

Op de middelbare school was er nog een jongen die zijn vader had verloren. Door hem legde ik de oorzaak van mijn problemen bij mijn vader, ik zag die schoolgenoot namelijk in dezelfde situaties verzeilen. Strafwerk, nablijven, gedoe. Doordat we thuis geen vader hadden die een rolmodel kon zijn, verzetten we ons tegen de hiërarchie op school. Want hoezo dachten die docenten mij de les te mogen lezen en mijn vaders rol op zich te nemen? Als zonen van dode vaders waren we het gewoon niet gewend dat mannen ons vertelden wat we moesten doen, we wisten niet beter dan dat een vrouw dat deed – en met veel meer geduld en compassie bovendien. Mijn moeder zag gelukkig goed in dat ik wat mannelijke weerstand kon gebruiken. Ze schroomde daarom niet om de hulp van haar omgeving in te schakelen als ze er zelf niet uitkwam. Op een gegeven moment hadden we gedoe rond een baantje dat ik moest zoeken. Ik protesteerde, waarna mijn moeder zei: 'Vooruit dan maar. Zolang je bij mij woont, hoeft het inderdaad niet.' Daarna belde ze Frans, de zwager van mijn vader. Hij nodigde me uit om met hem te eten en vroeg of ik al een baantje had gevonden.

'Dus jij wilt de rest van je leven geld en kleren aan je moeder vragen,' zei hij. 'Dat vind ik best triest. Wat vind je daar eigenlijk zelf van?'

Iemand die ik cool vond zei dat hij me triest vond. Als mijn vader dat tegen me had gezegd zou dat net zo veel pijn hebben gedaan. Hij wees me erop dat ik had moeten luisteren naar mijn moeder, omdat zij in eerste instantie gewoon gelijk had en dat zij en mijn vader nooit veel van mening verschilden. Mijn moeder kan dus wel eens het gevoel hebben gehad dat ze er alleen voor stond, maar dat stond ze nooit echt. Want als ik goed oplette, stond mijn vader al die tijd gewoon naast haar. Alleen zag ze dat zelf niet.

GELOOF

ISA

Op de lagere school had Vlinder een kerstdiner. De ouders mogen dan ook altijd komen: eerst brengen ze het eten en daarna is er een borrel. De juf had er rekening mee gehouden dat de vader van Vlinder twee maanden eerder overleden was. Ze speldde haar een kleine broche op, het was een afbeelding van een engeltje.

'Zo,' zei ze, 'dan is papa toch een beetje bij je.' Dat vond ik zo lief. Dat hij echt een engel is, geloof ik niet. Zo heb ik het in ieder geval nooit aan de kinderen uitgelegd, het is aan hen om daar een eigen beeld of geloof bij te creëren. Van familieleden heb ik wel gehoord dat ze vreemde ervaringen hadden. Muziek die uit het niets heel hard aanging, zijn foto die van de muur viel als ze over hem spraken. Zelf ben ik meermaals bij een spiritueel healer geweest die aangaf contact met hem te hebben. Ze vertelde me dat ik hem had afgewezen, dat hij daardoor geen contact met mij durfde te leggen. Ik herinnerde me toen dat ik de eerste nacht na zijn dood wakker schrok. Ik werd over mijn arm geaaid, maar er stond niemand naast het bed. In een reflex trok ik mijn arm weg.

'Wil je dat nooit meer doen?' riep ik naar het donker. Sindsdien is het nooit meer gebeurd, ik heb er dus best een beetje spijt van.

Tegenwoordig, als ik over hem praat of als er iets opmerkelijks gebeurt, komt er vaak een vlinder aanvliegen die dan bij ons gaat zitten. Eén keer kwam er eentje die zich met geen mogelijkheid weg liet sturen. Ik kwam bij de notaris vandaan waar ik samen met Medina Schuurman ons eigen bedrijfje had aangemeld, een heel belangrijk moment in mijn leven. Toen ik naar buiten kwam en de fiets van het slot haalde, landde die vlinder op mijn hand. De hele fietstocht bleef-ie bij me. Dat is Antonie, dacht ik. Zo'n gedachte kan geen kwaad en is wel zo gezellig. Maar aan de andere kant: wat heb ik eigenlijk aan de gedachte dat hij nog bij me is? Dat hij me nog aait, dat hij langs vliegt of muziekjes voor me aanzet? Ik kan daar niets mee, ik heb al zo veel moeite om door te gaan zonder hem. En bovendien: híj is weggegaan. Laat mij dan ook. Toch is de gedachte dat hij er nog is en een beetje op ons let ook heel troostend. Wat ik me goed eigen heb gemaakt, is net doen of ik in zijn armen lig. Dan kruip ik gevoelsmatig tegen hem aan – vooral op momenten dat ik er even doorheen zit – en zeg ik: 'Troost me maar.' Het lukt me dan echt om hem te voelen, om de ervaring te beleven dat hij me weer vasthoudt. Dat is heel fijn.

MERLIJN

Ik heb nooit geloofd dat mijn vader nog om me heen is. Niet als engel, niet als geest en al helemaal niet als vlinder. Wel heb ik hem een paar keer aangesproken. Als ik me echt heel slecht voelde, probeerde ik om contact met hem te leggen. Gewoon voor de zekerheid, want al die paragnosten en andere gelovigen beweren dat als je je heel zwak voelt, je extra openstaat voor boodschappen uit het hiernamaals – of hoe dat ook heet.

'Pap,' zei ik dan, 'geef me een teken dat je er nog bent.'

Dat teken gaf hij nooit. Of ik was zo stoned dat ik het niet opmerkte.

Toch geloof ik wel dat er energieën om ons heen zijn die wij misschien niet kunnen waarnemen, maar die wel invloed op ons en onze omgeving uitoefenen. Door ons te beschermen of dingen voor ons te regelen als je erom vraagt – bijvoorbeeld toen er toch een plekje voor Vlinder op een school vrijkwam terwijl de wachtlijst al gesloten was. Misschien dat mijn vader daar dan stiekem achter zit. Want als hij hier alleen maar is om met fotolijstjes te gooien, voelt het best zinloos.

Fragment uit *De weduwnaar* van Kluun (uitgeverij Podium, 2006):

Ik ben niet de enige die aan Carmen denkt. Vanochtend bij het ontbijt naast de camper, kreeg ik ineens een kus van Luna. Ze stond op, haar mond nog halfvol boterham met pindakaas en gaf me een zoen op mijn mond. Zomaar.

'Jij bent lief, papa,' zei ze.

'Daar ben ik toch papa voor,' antwoordde ik.

'Ik moet extra lief voor jou zijn omdat mama dood is,' zei ze. 'Want jij huilt nog vaker dan ik,' voegde ze eraan toe.

Ik nam me voor om mijn tranen voortaan wat vaker voor haar verborgen te houden. Het lijkt me niet goed dat ze zich verantwoordelijk voelt voor het welzijn van haar vader. Nu zit ze tevreden met haar popjes te spelen.

'Pap?'

'Ja?'

'Als mensen dood zijn...'

Ik kijk op. Ze heeft een hele opstelling gemaakt op het

gras. Popje ligt in een doosje. Popje II en haar andere knuffels zitten eromheen.

'Ja?'

'Dan kunnen ze niet meer wakker worden, net zoals Doornroosje, hè?'

Slik. 'Nee. Helaas niet.'

Ze knikt en draait haar hoofd weer naar haar popjes. Ik kijk met een schuin oog mee. Twee knuffels tillen de doos met Popje erin op en dragen hem weg.

'Pap, wilde mama dood?'

'Hoe kom je daar nou bij?'

'Waarom heeft ze dan dat drankje gedronken?'

O. Even de Afdeling Educatieve Gesprekken ter Voorkoming van Jeugdtrauma's inschakelen nu. Straks gaat ze nog denken dat haar mama geen zin meer had om nog langer haar mama te zijn.

'Mama wilde helemaal niet dood. Maar toen ze op het eind zo veel pijn had, toen heeft ze gevraagd om een drankje.'

'Vond jij dat goed?'

'Ja. Anders was ze de dag erna, of de dag daarna toch doodgegaan en dan had ze steeds meer pijn gekregen. Dat wilde ik niet.'

'Ik ook niet.'

Stilte.

Luna laat de knuffels de doos weer neerzetten, zie ik. De doos valt om, popje valt eruit. Ze legt hem terug. De andere knuffels en Popje II lopen weg, dicht tegen elkaar aan.

'Soms zie ik mama nog,' zegt Luna ineens.

'H-hoe bedoel je?'

'Gewoon, als ik slaap.'

'Dan droom je over mama, schatje,' zeg ik glimlachend.

'Neehee! Ze praat tegen me.'

Waar is dat handboek pedagogiek? Waar is die kinderpsycholoog? Wat hoor je hierop te zeggen als vader? Beamen? Weerleggen? Bagatelliseren?

'Maar eh... wat zegt mama dan?'

'Dat ze bij ons is.'

Heb ik weer. Eindelijk een gesprek met Luna zoals ik dat met een volwassene zou kunnen hebben, weet ik niet wat ik moet zeggen.

'Ik heb nooit van die dromen,' zeg ik.

Ik hoor jaloezie doorklinken in mijn stem. In al die maanden heb ik nog geen enkele keer over Carmen gedroomd.

'Het zíjn geen dromen!'

'Goed, goed,' zeg ik haastig. 'Maar wát zegt ze dan?'

'Dat ze bij ons was, zei ik toch.'

'Bij ons... hier? In Australië?'

'Ja.'

Luna zegt het met een vanzelfsprekendheid die is voorbehouden aan hen die hun leeftijd nog op één hand kunnen tellen.

'O? En eh... hoe zag mama eruit?'

Straks ga ik haar nog vragen of de Kerstman echt bestaat en of zij misschien weet hoe die rendieren het voor elkaar krijgen om die vetzak op zijn slee de lucht in te krijgen.

'Gewoon, zoals mama. Maar ze had geen vleugels.'

TERUG NAAR SCHOOL

MERLIJN

Mensen zeggen wel eens dat de periode op de middelbare school de mooiste tijd van je leven is. Maar ik vond het een verschrikkelijke tijd. Je wilt als kind namelijk niet anders zijn dan de rest en gewoon twee ouders hebben in een doodnormaal gezin, niet een situatie waar de dood onderdeel van uitmaakt. Kinderen weten niet hoe dat is, waardoor je het gevoel hebt dat ze jou niet snappen. Het zorgt ervoor dat je anders bent, hoe hard je ook probeert dat niet te zijn.

Na de dood van mijn vader moest ik door de verhuizing naar Amsterdam naar een nieuwe school. Het scheelde wel dat ik pas een maand eerder was gestart in de brugklas in Mijdrecht. Ik had er dus nog geen vrienden gemaakt. Ik stroomde dus gewoon iets later in – na de herfstvakantie – dan de andere leerlingen van het Fons Vitae, een middelbare school in Amsterdam. Niks bijzonders, zou je denken, maar daar dacht de conrector van die school anders over. Op mijn eerste schooldag moest ik eerst op zijn kantoor komen voor een gesprek. Hij vertelde me hoe de school met mijn aanmelding is omgegaan en ik probeer mezelf nu al tien jaar te vertellen dat dat goedbedoeld was. Maar dat effect had het niet op me. Hij vertelde dat hij in alle klassen was langsgegaan om te vertellen dat ik op deze dag zou gaan beginnen.

Hij vertelde er wie ik was, wat er thuis gebeurd was en waarom ik dus nu pas instroom. Het idee dat iedereen op school me nu al dacht te kennen en een mening zou hebben over wat er met mijn vader was gebeurd vond ik al niet prettig, maar door het gesprek kwam ik ook veel te laat in de klas aan. De les was al begonnen, waardoor dertig wildvreemde kinderen me aanstaarden toen ik de deur opendeed. In de maanden daarna kwamen er steeds kinderen naar me toe.

'Ben jij Merlijn?'

'Heb jij een dode vader?'

'Heette hij Antonie?'

Als ik dat dan bevestigde, liepen ze giechelend weg. Ik zag er daardoor elke dag als een berg tegen op om door die gangen te moeten lopen. Een serieus gesprek met die conrector heb ik verder nooit meer gehad, er is nooit aan me gevraagd hoe het met me ging. Ik voelde me daardoor volledig aan mijn lot overgelaten en begon een hekel te krijgen aan school en alles wat erbij hoorde. Tegen leraren was ik onbeschoft, tijdens de lessen begon ik te klieren en werd ik eruit gestuurd. Daardoor werd ik constant van mijn vrienden gescheiden waardoor ik school nog stommer begon te vinden. Waarom ik zo dwars deed, weet ik niet. Mijn ouders hebben me niet zo opgevoed en thuis vertoonde ik zulk gedrag absoluut niet. Na een paar maanden werd ik weer op het kantoor van de conrector geroepen. Niet voor een tweede gesprek, maar voor een waarschuwing. Het kwam erop neer dat mijn vader nu lang genoeg dood was en dat het tijd werd me te gedragen. Dat hij van meerdere kanten klachten over me binnenkreeg en dat ik onhandelbaar was. Daarna werd ik weggestuurd.

Dit zorgde er niet voor dat ik me netjes ging gedragen, integendeel. Ik bleef gewoon doorgaan met klieren. Toch was er niemand die me even apart nam, die me vroeg hoe ik me voelde. Ik weet ook niet of ik dan eerlijk was geweest. Of ik dan had verteld dat ik heel vaak buikpijn had. Dat ik niet at, dat ik mijn boterhammen stiekem weggooide in de lunchpauze zodat mijn moeder er niet achter zou komen. Dat ik mijn vader miste, maar dat ik vooral probeerde niet aan hem te denken. Dat ik alleen maar zat te gamen als ik thuiskwam, zodat ik nergens aan dacht en ik ook mijn buikpijn minder merkte.

Onlangs las ik dat pijn vaak voortkomt uit opgekropte stress. Sinds ik dat weet, snap ik dingen beter. Als ik nu buikpijn heb of last van mijn keel dan weet ik dat ik ergens mee zit. Dat ik dat dan bij iemand eruit moet gooien in plaats van het op te kroppen. Destijds had ik natuurlijk geen idee. Ik was een jongen van twaalf, dertien, veertien die nergens een uitlaatklep of luisterend oor vond. Natuurlijk wel bij mijn moeder en papa's broer vroeg er ook regelmatig naar, maar ik wist dat zij ook verdriet hadden om mijn vader. Verdriet dat ik vergeleek met mijn eigen verdriet, waardoor ik dat van mij niet serieus durfde te nemen. Want wat zij hebben meegemaakt, was veel erger. Dacht ik. Zij kenden hem immers beter. En langer. Misschien waren mijn tienerjaren anders gelopen als er op school iemand was geweest die me zag en me apart nam, die net zo lang vragen was blijven stellen tot ik eerlijk antwoord zou geven. Maar het enige waar ze me op aanspraken, was op mijn verzuimde uren. Soms lukte het door de buikpijn niet om naar school te gaan, wat allemaal werd bijgehouden. Dan hoorde ik van docenten dat ik het jaar waarschijnlijk over moest doen, waardoor ik als een gek huiswerk ging maken en schema's opstelde om me op de proefwerkweek voor te bereiden. Mijn moeder hielp me daarbij, al adviseerde ze me ook eens om lekker een jaartje te blijven zitten. Maar ik moest er niet aan denken om nog langer op die school te moeten blijven, waardoor ik uiteindelijk steeds ben overgegaan.

In mijn beleving haatte ik in die tijd alles aan school, vooral de leraren. Maar laatst zag ik een lerares van me fietsen, ze gaf geschiedenis. Doordat ik haar weer zag, besefte ik dat er ook lieve leraren bestaan. Ook zij stuurde me wel eens de klas uit, maar als enige leraar legde ze me uit waarom ze dat deed. Ze nam me ook wel eens apart na een les. Dan vroeg ze of ik even wilde blijven zitten. Als de klas dan leeg was, kwam ze bij me zitten. Niet tegenover me, maar náást me.

'Hoe zou het beter kunnen?' vroeg ze dan. 'Wat kunnen we anders doen?' En ze vroeg of ik wel eens met iemand praatte. Ik gaf haar niet echt antwoord, waardoor ze op een gegeven moment ook niets meer vroeg. Het spijt me dat ik niet eerder toegaf. En dat zij niet langer volhield.

Ik weet niet meer hoe deze lerares heet, maar ik zal haar nooit vergeten.

OP BEZOEK BIJ

Raymond en Eva van de Klundert

Zij verloren echtgenote en moeder Judith van de Klundert

MERLIJN

Mijn vader heeft auditie gedaan voor de hoofdrol in de verfilming van *Komt een vrouw bij de dokter*, de grotendeels autobiografische roman van Kluun over een man die zijn vrouw verliest aan borstkanker. Reinout Oerlemans regisseerde die film en wist van tevoren niet dat mijn vader kwam auditeren. Dat vertelde Reinout me een paar jaar geleden toen ik van hem wilde weten hoe hij zich mijn vader herinnert. Hij vond het ongemakkelijk dat een goede vriend auditie kwam doen en wilde er objectief naar kijken. Daardoor ging de rol niet naar mijn vader, maar naar Barry Atsma. Paste die rol beter bij hem dan bij mijn vader? Ik weet het niet, maar ik vond Barry Atsma wel erg goed in die film. Toen ik het boek las en later de film bekeek, merkte ik dat ik vooral bezig was met de dochter in het gezin, het blonde meisje dat op het punt stond haar moeder te verliezen. Ze was toen drie jaar oud, ook in het echte leven, inmiddels moet ze dus volwassen zijn. Ik vraag me af of je je de dood van je moeder kunt herinneren als het gebeurt op een leeftijd waarop je nog niet snapt wat doodgaan is.

Na het zien van de film ben ik gaan lezen over schrijver Kluun en zijn vrouw Judith. Hij werkte in de reclamewereld en zij richtte Undutchables op, een recruitmentbureau voor expats. Na Judiths overlijden trouwde Kluun met Nathalie, in de film gespeeld door Anna Drijver. Anna gaf me mediatraining toen mijn eerste boek uitkwam en leerde me hoe ik vragen van journalisten over mijn vader kon omzeilen als ze te veel pijn zouden doen. Uiteindelijk deed geen enkele vraag pijn, want alle pijn zat al in het boek.

Ik las dat Kluun inmiddels is gescheiden van zijn tweede vrouw. Over Kluuns dochter Eva, die in de boeken en de film Luna heette, kon ik niks vinden – behalve een klein fotootje en dat ze nu drieëntwintig jaar oud is, net zo oud als ik. Ik zou wel willen weten wat ze nog van haar moeder weet. Ik was elf toen mijn vader overleed, waardoor ik veel minder herinneringen aan hem heb dan ik zou willen. En zij was dus nog acht jaar jonger. Ik vraag me af hoe en óf je rouwt om iemand die je nooit hebt gekend.

Als ik aankom bij de woonboot van Kluun staat mijn moeder al te wachten op de stoep. Ik verheug me op dit gesprek, de peuter uit een van de populairste boeken uit de Nederlandse literatuur gaat me vertellen hoe het is om de peuter uit een van de populairste boeken uit de Nederlandse literatuur te zijn.

'Heb je het gelezen?' vraagt mijn moeder.

'Tuurlijk,' zeg ik. 'Een tijd geleden al.'

'En de film gezien?'

'Ja, die vond ik goed.'

'En ga je mijn boek nou ook nog eens lezen?' vraagt ze.

Ik schaam me dood. Al meer dan vijf jaar vraagt mijn moeder aan me of ik *Toen ik je zag* al heb gelezen. Nee, antwoord ik dan steeds. Het lukt me niet, alles in het boek staat me tegen. Niet omdat mijn moeder het geschreven heeft, maar omdat mijn vader erin sterft. Binnenkort komt de film uit van het boek, Egbert-Jan Weeber speelt mijn vader. Ik hoorde dat er een heel leuk jongetje is gecast om mij te spelen, ik zal hem wel ontmoeten op de première, maar ik zie als een berg op tegen die avond. Het liefst hou ik de hele film m'n ogen dicht, maar het allerliefst blijf ik die avond gewoon thuis.

'Ik zag jullie al staan!' De deur zwaait open, Kluun gebaart dat we naar binnen moeten komen. We betreden zijn Amsterdamse woonboot die helemaal niet als een woonboot voelt.

'Welkom in mijn betonnen bak aan de Amstel!' roept hij enthousiast. 'Ik ben Raymond,' zegt hij, waardoor ik even denk dat we verkeerd zitten.

Ik blader door een tijdschrift met foto's van Kluun en een vrouw die Anne heet. Ze zijn onlangs met elkaar getrouwd, lees ik, maar vanwege hun kinderen wonen ze nog even apart. Kluun en mijn moeder praten ondertussen over Zorgvlied en rekenen uit hoe dicht hun overleden partners bij elkaar liggen. Judith ligt vlak bij Manfred Langer van discotheek iT, en ook vlak bij Annie M.G. Schmidt en in de buurt van de islamitische graven. Mijn moeder vertelt dat mijn vader vlak bij Ramses Shaffy ligt, maar dat we daar pas achter kwamen toen m'n vader al was begraven. In het tijdschrift staat dat de ouders van Anne het maar niks vonden toen ze met Kluun thuiskwam. Haar moeder had *Komt een vrouw bij de dokter* gelezen en had een hekel aan hem omdat hij in dat boek niet bepaald trouw is aan zijn doodzieke vrouw.

'Mijn moeder heeft, heel lief, het boek opnieuw gelezen voordat ze Ray ontmoette,' vertelt Anne in het tijdschrift. 'En toen las ze de liefde voor Juut en zag ze ook dat het vreemdgaan een vorm van onmacht was. Ik kende Ray in die tijd nog niet, maar ik weet wel dat ik zelf bij het lezen heb gedacht: je zal er maar voor staan, zo jong je vrouw verliezen. Je weet gewoon niet hoe je daarop reageert. Ik heb hem nooit veroordeeld, en eigenlijk was mijn moeder ook al om toen hij eenmaal bij mijn ouders thuiskwam.'

De voordeur gaat open, als ik me omdraai zie ik een vrouw die ik herken van dat ene fotootje op internet. Op Facebook en Instagram heb ik haar niet kunnen vinden, er bestaan dus vrouwen van mijn leeftijd die in het hippe Amsterdam niet de hele tijd bezig zijn met selfies, likes en stories. Eva is net zo lang als ik ben, haar haar is donkerbruin en niet blond zoals in de film. Ze woont niet meer op deze woonboot, vertelt ze, maar ze is er ook niet heel ver vandaan gaan wonen. Zo is ze nog steeds dicht bij haar vader en haar twee halfzusjes. Met zijn tweede vrouw Nathalie heeft Kluun nog twee kinderen gekregen: Roos en Lola. Toen Kluun en Nathalie gingen scheiden, ging Eva net als haar twee zusjes ook parttime bij Nathalie wonen. Dat ze niet haar biologische moeder is, maakte niet uit.

'Tegen de tweede vrouw van mijn vader zeg ik gewoon mama. Ook als ik over haar praat. Mensen vinden dat best gek, want ze denken bij mijn moeder aan Judith, mijn biologische moeder. Maar voor mij is Nathalie dat.'

Eva maakt koffie in de open keuken, ik ga bij haar staan en leun tegen het aanrecht. Kluun en mijn moeder staan bij het raam te kletsen.

'Heb je ooit verdriet om je moeder kunnen voelen?' vraag ik.

'Dat weet ik niet echt,' zegt ze terwijl ze naar buiten staart. 'Als kind ongetwijfeld, omdat mijn moeder ineens weg was. Maar in de loop van de tijd werd haar dood een onderdeel van mijn leven. Als ik aan haar denk – en aan het feit dat ze haar dochtertje van drie nooit zou zien opgroeien – vind ik het heel tragisch. Maar ik voel niet een gemis, want door Nathalie heb ik nooit een moeder hoeven missen.'

'Heb je überhaupt nog wel herinneringen aan je eerste moeder?'

Eva antwoordt niet direct, waardoor ik bang ben dat ik iets verkeerd heb gezegd. Was de term 'eerste moeder' niet goed? Had ik haar Judith moeten noemen? Dat zou ik gek hebben gevonden: ik noem haar vader ook niet bij zijn echte naam, waarom haar moeder dan wel?

Dan draait ze zich naar mij. 'Ik heb het idee dat ik herinneringen aan mijn moeder heb. Maar dat is misschien helemaal niet zo. Het kunnen ook herinneringen zijn die ik baseer op foto's of op de verhalen van mijn vader. Misschien heb ik daar als kind beelden bij bedacht die ik nu als een herinnering ervaar. De enige herinnering waaraan ik niet twijfel, is niet echt een herinnering, maar meer een beeld dat nog op mijn netvlies staat. Mijn moeder staat voor me met ontbloot bovenlijf, een van haar borsten is geamputeerd. Die herinnering aan mijn moeder met één borst is heel sterk, waarschijnlijk doordat ik het zo heftig vond om te zien.'

Ze zet haar koffiekopje terug op het aanrecht. Ik wil iets zeggen, maar ik weet niet wat. Zulke heftige herinneringen heb ik niet aan mijn vader, ik wist als kind niet eens dat hij ziek was. Mijn moeder vertelde me pas op de dag dat hij overleed dat papa een ziekte had in zijn hoofd. Dan heeft amputatie weinig zin.

'Gelukkig is er ook een heel dierbare foto waarop ik met haar in bed lig,' vult ze aan. 'En ook al kan ik me niet herinneren dat die foto gemaakt is, ik zie dat moment als mijn laatste herinnering aan haar. Een paar dagen later overleed ze namelijk. Ik heb vlak voor haar overlijden blijkbaar afscheid van haar genomen, maar ook daar weet ik niets meer van.'

Kluun en mijn moeder zitten inmiddels verderop in de kamer aan een grote tafel. Zij heeft een fles witte wijn vast, hij zet vier glazen neer. Eva kijkt me aan en knikt kort naar de tafel, waarna we samen die kant oplopen.

'Ik hoor jou net tegen Merlijn zeggen,' zegt mijn moeder, 'dat jij geen herinnering hebt aan het overlijden van je moeder. Je was natuurlijk ook pas drie, maar toch klinkt dat voor mij heel gek omdat ik dat moment haarscherp op mijn netvlies heb staan. Alleen ben jij in dat beeld een klein blond meisje dat Luna heet en zien je ouders eruit als Carice van Houten en Barry Atsma. Kwamen er geen herinneringen naar boven toen je die film voor het eerst zag?'

Eva lacht een beetje beschaamd en zegt dan zacht. 'Ik heb die film nooit gezien. En ik heb ook het boek niet gelezen.'

Ik moet hard lachen, mijn moeder slaat verbaasd een hand voor haar gezicht.

'Is dat raar?' vraagt Eva.

'Helemaal niet,' zeg ik. 'Ik heb het boek van mijn moeder ook nooit gelezen! Ik vind mezelf al jaren een ongeïnteresseerde eikel dat ik dat maar niet doe, maar het heeft eigenlijk niks met desinteresse te maken. Het lukt me gewoon niet om het boek open te slaan, ik wil het mezelf niet aandoen om die hele fase uit mijn leven zo een op een terug te moeten lezen.'

'Precies!' zegt Eva opgelucht. 'Zo is dat bij mij ook. Ik heb daar gewoon geen zin in! Dat komt deels ook doordat ik wel heb begrepen hoe mijn vader met die hele situatie omging. Dat is niet iets waar ik even lekker in wil duiken. Maar dat komt vast nog wel, hoor. Naarmate ik ouder word, merk ik dat ik steeds meer interesse in mijn moeder krijg. Als ik straks rond de dertig ben en waarschijnlijk al helemaal als ik zelf moeder ben zal die interesse vast nog meer toenemen.'

'Dat zou heel goed kunnen,' zegt Kluun. 'Als je eenmaal zelf een kind hebt, ga je op een andere manier naar je ouders kijken. Hoe ze het deden en hoe ze het bedoelden, daar herken je dan ineens heel veel van je nieuwe zelf in. Het zou heel goed kunnen dat je nog eens heel dicht bij je moeder komt te staan als je zelf ooit moeder wordt. Daar hoef je dat boek dan niet eens meer voor te lezen.'

'Dat denk ik ook,' zegt Eva, 'maar ik ga het heus nog wel eens doen. Wat ook meespeelt, is dat ik het wel een fijne gedachte vind dat dat boek en die film er nog liggen. Dan is er altijd nog een deel van mijn moeder dat ik nog kan gaan ontdekken. Nu ken ik de verhalen en de foto's, maar als ik dat boek straks ook gelezen heb, dan is het op. Dan komt er niks meer en dan is ze echt dood misschien. Dan is het klaar.'

Ze pakt haar wijnglas en neemt langzaam een slok.

'En daarnaast,' zegt ze, 'lijkt het me vooral heel erg moeilijk om mijn moeder in een film van anderhalf uur eerst te leren kennen om haar vervolgens te zien sterven. Dat lijkt me heel erg verdrietig.'

'Was het schrijven van het boek voor jou een rouwproces?' vraagt mijn moeder aan Kluun.

'Absoluut. De sterkste rouw was in het eerste half jaar na Judiths overlijden, toen hebben Eva en ik rondgetrokken door Australië. Maar daarvoor rouwde ik ook al, namelijk tijdens de kanker. Ik wist al een jaar dat Juut dood zou gaan. Toch heb ik mezelf daarmee ook voor de gek gehouden – want al bereid je je voor op iemands overlijden, je weet pas hoe het voelt als het daadwerkelijk gebeurt. Vlak na haar sterven ben ik in mijn werkkamer, waar ze opgebaard lag, gaan schrijven. Daar zou ik het hele verhaal gaan vertellen en dat bleek wel echt een verwerkingsproces.'

'En nu, na twintig jaar,' vraag ik, 'is de rouw al voorbij?'

'De rouw is niet voorbij,' zegt hij, 'dat gebeurt misschien wel nooit, maar de rauwheid is er wel vanaf. Op een gegeven moment ben je niet meer verdrietig doordat het je weer lukt om blij te zijn. Blij om de mooie herinneringen, blij dat je iemand hebt mogen meemaken. Ik was laatst in het Concertgebouw bij The Cavern Beatles, de beste tributeband ter wereld omdat ze precies klinken en ogen als de echte Beatles. Aan het einde speelden ze 'Hey Jude', een liedje dat we op de dag van de uitvaart bij het graf van Juut draaiden. Eerder had ik dikke tranen als Paul McCartney het bij een concert speelde, maar nu vond ik het fijn om te horen. Maar dat lukt pas nadat je jezelf hebt gedwongen naar dat nummer te luisteren en er niet voor weg te lopen als je het hoort, want dan stel je je rouw uit en dat heeft geen zin. Rouw is namelijk een psychologische noodzaak van ieder mens die iemand verliest. Je kunt eraan toegeven of je kunt het wegstoppen, maar uiteindelijk zul je er toch doorheen moeten. Ik vergelijk het wel eens met griep: je kunt het verwaarlozen, maar het komt toch terug. De pijn om het verlies van Judith zal nooit verdwijnen, want via Eva voel ik het nog vaak genoeg. Gek genoeg juist op de momenten dat het heel goed met haar gaat. Als ze slaagt voor school bijvoorbeeld, als ze afstudeert, als ze een vriendje krijgt. Dan denk je: godverdomme. Want dat hoort een moeder allemaal mee te maken.'

'Lijkt ze op Judith?' vraagt mijn moeder.

'Ja, sowieso haar fysiek. Maar ook in haar bewegingen en in haar gevoel voor humor. Dat zit dus blijkbaar in de genen. Laatst vertelde ze een verhaal en het leek toen alsof ik naar

Juut zat te kijken: haar expressie, zelfspot, timing. Eva en Judith hebben nooit een volwassen gesprek met elkaar gevoerd, maar toch doen ze dat los van elkaar op precies dezelfde manier. Fascinerend om te zien. En ook heel ontroerend. Laatst zei een oude vriend erover: "Als je Juut hebt gekend, is het een feest om Eva te zien." Zo is het exact. Het is heel mooi maar ook dubbel. Eva is zo'n ontzettend leuke, lieve vrouw geworden, het is verschrikkelijk voor Judith dat ze dat niet heeft kunnen meemaken.'

Kluun moet ineens lachen. 'Het had trouwens weinig gescheeld of Eva was een stuk minder lief en bescheiden geweest. Toen Eva één jaar oud was, kreeg Judith kanker, meteen de slechtste vorm denkbaar. Eerst werd Judith kaal, toen een borst eraf enzovoorts. Op Eva's crèche leefde iedereen ontzettend met ons mee en de crècheleidsters waren Eva enorm aan het pamperen omdat ze het zo zielig voor haar vonden dat ze binnenkort geen moeder meer had. We zagen het een keer zelfs gebeuren dat een jongetje viel, maar dat Eva alle aandacht kreeg. Het gevolg was dat Eva een ontzettend verwende zeikpeuter werd. Toen Judith overleden was en Eva naar de kleuterschool ging, drukte ik de juf daarom op het hart dat Eva absoluut niet bijzonder was en dat ze net zo behandeld moest worden als alle andere kinderen. Die juf – juf Anna heet ze – is daar bewust mee aan de slag gegaan, waardoor Eva binnen een jaar weer hartstikke leuk was.'

'Dat is precies het tegenovergestelde van hoe mijn school ermee omging,' zeg ik. 'Toen ik daar aankwam, was aan iedereen verteld dat ik zo zielig was. Waardoor ik een hele opstandige puber was op school. Het was beter geweest als ze tegen mij net zo aardig en net zo streng waren geweest als tegen de anderen. Als kind wil je gewoon normaal zijn, niet zielig of bijzonder of anders dan de rest.'

'Hoe was de echtscheiding tussen je vader en Nathalie voor jou?' vraagt mijn moeder aan Eva. 'Ben je daar boos om geweest?'

'Ik weet nog dat ik naar een psychologe ging, ik was toen dertien en mijn vader leek dat een goed idee. Die psychologe bleef maar vragen: "Ben je niet boos op je vader?" Dat was ik helemaal niet, dus dat zei ik ook. Toch bleef die vraag steeds terugkomen. Na een tijdje ben ik met die therapie gestopt. Ik vond die scheiding echt wel kut, hoor. Maar ik besefte ook dat we gewoon door moesten met ons leven en dat we later wel zouden zien of dat zou lukken.'

'Praten jullie er met elkaar over als jullie het moeilijk hebben?' vraagt mijn moeder.

'Nee,' antwoordt Kluun, enigszins verlegen. 'Eigenlijk niet.'

'Dat komt misschien vooral door mij,' zegt Eva. 'Ik heb heel erg de neiging om dat voor mezelf te houden.'

'Ik zeg altijd tegen mijn dochters: "Je mag alles vertellen, maar je hóéft het niet te doen." Gelukkig vertellen ze het me wel als ze blij of verdrietig zijn, maar ik stel hen daar dan geen vragen over omdat het voelt alsof ik hun privacy schend. Mijn vrouw Anne is psycholoog en voelt het daardoor veel beter aan en kan een gesprek op gang brengen, simpelweg door vervolgvragen te stellen.'

Eva neemt een slok van haar wijn en richt zich tot haar vader.

'Huil jij eigenlijk nog wel eens om mama?' vraagt ze.

'Om mama Judith?' vraagt hij.

Eva knikt.

'Wat me heel erg verbaasde,' zegt Kluun als hij zijn wijnglas bijschenkt, 'was dat het verdriet om Judith weer naar boven kwam toen ik ging scheiden van Nathalie. Dat was heel gek. Die scheiding deed heel veel pijn, ondanks dat het mijn eigen initiatief was. Het voelde alsof ik eenzijdig ons gezin opblies. En bij een scheiding horen ook gevoelens van rouw: iets is er ineens niet meer. Als een seismograaf mijn onrust had kunnen meten, dan zou hij zien dat die onrust na de dood van Judith piekte. Maar tien jaar later, toen ik ging scheiden van Nathalie, zouden er nog hogere uitslaande pieken te zien zijn geweest. Ik denk dat een overlijden een trauma is dat opspeelt op zwakke momenten. In de vorm van een posttraumatisch stresssyndroom dat ineens weer de kop op kan steken als er iets soortgelijks gebeurt.'

'Kan het er ook niet mee te maken hebben,' vraag ik, 'dat je na de dood van Judith weer redelijk snel doorging met een nieuwe liefde? Mijn moeder is al tien jaar alleen, terwijl jij tien jaar na de dood van je vrouw ging scheiden. Zou dat tweede huwelijk misschien een soort vluchtgedrag geweest kunnen zijn, waardoor je sommige zaken onvoldoende verwerkt had?'

'O zeker, absoluut!' zegt Kluun. 'Ik was er toen heilig van overtuigd dat dit de route was. Dat lag ook wel aan het soort boeken dat ik las, ik verkeerde toen heel erg in de sferen van Paulo Coelho: ik geloofde dat het universum bepaalde dat Nathalie en ik bij elkaar moesten zijn. Ze was enorm lief voor me in de moeilijkste tijd van mijn leven.'

Eva moet lachen.

'Als ik haar vergelijk met de vrouwen waar hij sindsdien mee is,' zegt ze, 'zie ik wel dat ze niet de perfecte match zijn. Nathalie is zo anders dan die andere vrouwen en ook zo anders dan papa.'

'Ik wilde met Eva gewoon heel graag een gezin met drie personen zijn, en niet met twee. En Nathalie en ik leken op dat moment voorbestemd te zijn.'

'Dus zoals ik later in mijn rouwproces kon vluchten in drank en drugs,' zeg ik, 'vluchtte jij in het stichten van een gezin.'

'Ja, blijkbaar. Mensen denken dat ik ook vluchtte in verdovende middelen, maar dat is echt niet zo. Natuurlijk ben ik wel feestjes afgelopen en heb ik mijn verdriet wel eens verdronken, maar absoluut niet in de mate zoals ik dat beschreef in *De weduwnaar*, waarin Stijn constant zijn neus volpropte. Zelf gebruikte ik dat spul helemaal niet. Ik wist er genoeg van om te weten dat ik, als ik midden in mijn verdriet aan de cocaïne zou gaan, daar heel moeilijk vanaf zou komen. Vlak na de dood van Judith is er echt wel een periode geweest waarin ik te veel mensen om me heen had. En daar dronk ik dan iets te veel mee, maar daar stopte ik resoluut mee toen ik op een dag weer dacht aan mijn belofte aan Judith: ik zal goed voor je dochter zorgen. Toen ben ik samen met Eva naar Australië vertrokken en heb daar een paar maanden met haar rondgereisd. Nathalie kwam daar later naar toe om verder met ons te reizen en een nieuw gezin te vormen. Misschien wilde ik dat wel te snel, te graag, en was het misschien ook wel een vlucht: doordenderen in datgene wat ik was verloren en net doen alsof dat nooit was gebeurd. En toen het mislukte, denderde ik het liefst zo snel mogelijk weer verder. Dat veranderde pas nadat ik een paar maanden een relatie met Saskia Noort had. We kenden elkaar al twintig jaar toen er een zomer kwam waarin we allebei vrijgezel waren. We gingen twee keer naar Zandvoort en we praatten onszelf aan dat we hartstikke verliefd waren. Ik dacht ook echt dat dat zo was, maar zij kwam erachter dat het niet zo was en dat zei ze toen ook tegen me. Ik was daar een tijdje heel verdrietig om, totdat ik besefte dat het de eerste keer was dat de ander een relatie met mij beëindigde. Het was dus vooral mijn mannelijk ego dat een tik kreeg, want de verliefdheid was waarschijnlijk opnieuw een vlucht geweest. Toen hebben vrienden me aangeraden om toch maar eens wat huiswerk te gaan doen: repareer datgene wat al heel lang gebroken is maar waar je nooit naar hebt willen kijken. Ik ben in therapie gegaan en ben een familieopstelling gaan doen. Alles kwam toen voorbij: Judith, Nathalie, mijn hele liefdesleven. Het bleek een puzzel waarvan ik sommige stukjes verkeerd of te slordig had gelegd, waardoor ik mijn huiswerk moest gaan doen: die puzzel zo goed en zo doordacht mogelijk gaan leggen zonder een stukje over het hoofd te zien.'

'En is dat gelukt?' vraag ik.

'Ja, ik geloof van wel. Ik zie dingen nu beter in perspectief, dat doet therapie nu eenmaal. Het lukt me ook om zaken of gevoelens beter te kunnen duiden of begrijpen. Laatst zei een vriendin van Anne iets heel moois, ze had toen net haar demente moeder verloren. Ze sprak toen de prachtige woorden: "De dood van mijn moeder geeft me haar leven terug." Als iemand heel erg ziek is, kan het soms moeilijk zijn om iemand nog te zien zoals die ooit was. Door de dood komen die herinneringen weer terug. En hoe langer iemand dood is, hoe meer de ziekte verdwijnt. Waardoor die persoon in je herinnering weer helemaal zichzelf wordt. Aan het einde van Judiths leven is iedereen nog wel met Judith op de foto geweest, maar bijna niemand heeft die foto bewaard. Omdat niemand zich haar op die manier wilde herinneren. Na haar dood begon iedereen weer de Judith te zien die ze daadwerkelijk was. Als ik nu aan Judith denk, zie ik een heel mooie, gezonde vrouw die midden in het leven staat. Dat is een veel fijner beeld dan de zieke Judith aan het einde van haar leven.'

Kluun staat op om nog een fles wijn te pakken. Eva kijkt mijn moeder aan.

'Jij hebt sinds de dood van je man dus nooit meer een relatie gehad?' vraagt ze.

'Nee, al ruim tien jaar niet. Niet dat ik stil heb gezeten, maar een relatie heeft dat nooit opgeleverd. Terwijl ik heel erg in liefde geloof, lukt dat me sinds zijn dood niet meer. Inmiddels kleeft het aan me – zo lijkt het soms. In een artikel werd ik laatst "de eeuwige weduwe" genoemd. Alsof ik daar zelf voor gekozen heb en alsof ik niet veel liever een leuke nieuwe liefde in mijn leven zou hebben.'

'Denk je er wel eens over na waarom het je niet lukt?' vraagt Eva.

'Daar denk ik heel veel over na en ik wil ook écht een relatie. Maar mijn kinderen staan op de eerste plek – waarmee ik niet zeg dat dat bij jouw vader niet zo is – en ik denk ook dat vrouwen anders zijn dan mannen. Ik hoor niet vaak dat mannen lang alleen zijn, vrouwen daarentegen wel.'

'Heb jij het gevoel dat je je moeder in de afgelopen twintig jaar toch een beetje hebt leren kennen?' vraag ik aan Eva.

'Nee,' zegt ze. 'Ik heb het gevoel dat er een verhaal over mijn moeder bestaat dat ik heel goed ken. Dat verhaal wordt verteld door mijn vader en door haar vrienden. Zij vertellen me dan dat mijn moeder zo'n fantastische vrouw is, de meest fantastische die er maar bestaat. Dat is heel leuk om te horen, maar het is natuurlijk niet realistisch. Toch vertellen ze me nooit de andere kant van haar verhaal. Haar minder leuke eigenschappen. Maar eerlijk gezegd heb ik daar ook nog nooit om gevraagd.'

Kluun komt weer aan tafel zitten en schenkt wijn in de vier glazen.

'Onlangs was haar twintigste sterfdag,' gaat Eva verder.

'Toen besefte ik wel hoelang ze al weg was. Of ik probeerde dat te beseffen. Haar vriendinnen kwamen naar ons toe en die haalden herinneringen op. Sommigen waren blij, anderen waren verdrietig. We gingen ook naar haar graf op Zorgvlied, daar werd over haar gepraat en er werd gelachen om de leuke herinneringen. Ik merkte toen dat ik me heel erg buitengesloten voelde. Zij deelden iets met elkaar en ik deelde die herinneringen niet. Dat vond ik heel lastig en confronterend.'

'Ik heb daar niks van gemerkt,' zegt Kluun zacht.

'Dat liet ik ook niet merken, want ik was zelf ook verbaasd. Dit was een gevoel dat ik helemaal niet had verwacht, want het was ook fijn om die dag samen te vieren. Maar ik had een heel andere rol. Voor mij gaat mijn gemis om iets wat er nooit is geweest, niet om iemand die er nu niet meer is. Simpelweg omdat ik te jong was toen al die herinneringen gemaakt werden.'

'Ik herken dat wel aan Vlinder, mam,' zeg ik. 'Zij is ook te jong om onze herinneringen te kunnen beleven.'

Mijn moeder knikt. 'Ik heb Vlinder ook eens naar een psycholoog gestuurd,' zegt ze tegen Kluun. 'Zoals jij Eva ook naar een psycholoog stuurde. Toen ze negen jaar oud was zag ik namelijk iets aan Vlinder veranderen. Ze begon op die leeftijd heel erg te beseffen dat ze geen vader meer had. In therapie is toen het hoge woord eruit gekomen: ze weet niks meer van 6 oktober, de sterfdag van haar vader, en dat vindt ze verschrikkelijk. Ik realiseerde me toen pas dat ik dat allemaal bij haar weg heb gehouden, dat ik haar daarvoor wilde beschermen. Daardoor werd het een enorm gat in haar herinnering en daardoor voelde ze zich heel erg buitengesloten. Toen ze een keer verdrietig op bed zat ben ik bij haar gaan zitten. Huilend heb ik toen het hele verhaal verteld. Wat er gebeurde die dag en hoe dat zo gekomen was. Ik vertelde over de dagen erna en over zijn uitvaart. Sindsdien betrek ik haar overal bij, waar ik het gespreksonderwerp eerst juist uit de weg ging als Vlinder erbij was. Maar dat is dus het laatste dat je moet doen. Terwijl...'

M'n moeder kijkt me kort aan.

'Ik denk dat het bij Merlijn ook wel gebeurd is.'

'Hoezo?' vraag ik. 'Jij hebt me toch altijd alles verteld over papa?'

'Ja, dat vond ik ook fijn en dat deed ik heel bewust. Maar er kwam een moment dat jij het niet meer wilde horen. Dat je wegliep als er weer over hem gepraat werd. Dan waren er vrienden van mij over de vloer en werd er ook over Antonie gepraat, maar niet op de manier waarop ik met jou over hem praatte. Met volwassenen ging het over de herinneringen die de volwassenen aan hem hadden, dan werd er hard gelachen en daarna werd er ineens weer gehuild. Jij dacht op een gegeven moment: joe, ik geloof het allemaal wel. Waarschijnlijk toch ook omdat je je buitengesloten voelde doordat jij er op die besproken momenten niet bij bent geweest.'

'Dat zou best wel kunnen,' zeg ik na lang nadenken.

Mijn moeder kijkt Kluun weer aan. 'Dus je kunt het heel moeilijk goed doen als het je kinderen betreft. Het is een dun lijntje waarop je moet balanceren. Je moet wikken en wegen. Vertel ik veel of juist weinig, stel ik vragen of juist niet, wacht ik tot zij vragen stellen of vraag ik of er vragen zijn. En als je dan antwoord geeft op die vragen, vertel je dan het hele verhaal of jouw versie van dat verhaal omdat je bang bent dat je je kind kwetst met de waarheid? Dat is heel lastig.'

'Heb jij Eva alles verteld over Judith en haar ziekte en de keuze voor euthanasie?' vraag ik aan Kluun.

Hij kijkt Eva lange tijd aan, maar ze geeft hem geen enkele hint over het juiste antwoord.

'Nee, ik denk het eigenlijk niet. Wel over de euthanasie. En het drankje dat geen effect had. De euthanasie duurde daardoor heel lang, terwijl er beneden in de woonkamer allemaal mensen zaten te wachten tot het klaar was. Het drankje had ik voor Judith in een wijnglas gedaan, maar ik raakte in paniek bij de gedachte dat iemand per ongeluk dat glas zou pakken en zou bijschenken met wijn, van één druppel zou je vast hartstikke doodgaan. Toen bleek dat Judiths hart nog heel sterk was: ze was dan wel ziek, maar ze was natuurlijk ook nog heel erg jong, nog maar zesendertig jaar. De arts vreesde dat het drankje haar niet vredig zou laten inslapen, dus stelde hij voor om een injectie te geven. Hij zat bij haar op het waterbed, dat schommelde nogal. Ik zag al helemaal voor me dat hij voorover zou klappen en in zijn eigen spuit zou vallen. In mijn beleving werd haar overlijden een soort heel verdrietige slapstickscène waar maar geen eind aan kwam.'

'Dat heb je me allemaal wel verteld,' zegt Eva. 'Ik herinner me dit verhaal in ieder geval. Maar ik zei net tegen Isa en Merlijn dat er altijd zo'n perfect beeld van mama heerst, terwijl ik me niet voor kan stellen dat ze alleen maar leuk en goed was. Ze moet ook vervelende karaktertrekken hebben gehad. Toch?'

Kluun is weer stil en denkt na.

'Dat kán niet anders,' zegt Eva er achteraan.

'Ik begrijp wat je bedoelt,' zegt Kluun, 'maar er schiet me werkelijk niks te binnen. En je hebt me daar nooit eerder zo specifiek naar gevraagd.'

'Dat klopt ook wel,' zegt Eva, 'maar dat is waarschijnlijk omdat ik al verwachtte dat je niks kon bedenken, anders had ik het vast wel eens van je gehoord. En...' Ze begint te lachen. 'En het is natuurlijk ook wel leuk om te denken dat je moeder helemaal perfect was. Maar liever zou ik een completer plaatje hebben.'

Kluun en Eva kijken elkaar lang aan. Hij lijkt niet van plan haar vandaag het antwoord op haar vraag te geven. Het zou misschien ook ongepast zijn om de minder leuke kanten van haar overleden moeder te belichten als wij erbij zitten. Maar m'n gevoel zegt me dat dit gesprek tussen Eva en Kluun nog wel een vervolg zal krijgen. Het voelt fijn dat we dat een beetje aangezwengeld hebben vandaag.

WEER AAN HET WERK

ISA

Al voordat Antonie overleed, had ik toegezegd in een toneelstuk te gaan spelen, een bewerking van de film *When Harry Met Sally*. Die audities vinden altijd heel lang van tevoren plaats en daarna moet er nog gerepeteerd worden. Toen we eenmaal de planken opgingen, was het al bijna een jaar na Antonies dood. Tot die tijd sprak ik af en toe een reclame in om wat geld te verdienen en repeteerde ik onder schooltijd voor het toneelstuk, maar de uiteindelijke voorstellingen waren 's avonds. Dat was heel pittig met twee jonge kinderen thuis. Het was weliswaar heel fijn om afleiding te hebben – ik speelde het stuk met heel leuke, lieve mensen – maar het was verschrikkelijk om op dat moment van de dag van huis te zijn. Als ik na afloop in de kleedkamer mijn telefoon aanzette, stond Merlijn regelmatig huilend op mijn voicemail, dat hij niet kon slapen.

Wat doe ik hier? dacht ik dan, maar toen had ik al ja gezegd tegen een ander toneelstuk. Ik moest immers ook gewoon de rekeningen betalen. Dat andere stuk was een bewerking van een boek van Nicci French, *Verlies*, over twee ouders die een kind verloren. Een verschrikkelijk zwaar stuk, ook mijn therapeut fronste toen ik erover vertelde.

'Waar begin je aan?' vroeg hij.

'Ik kan dat scheiden,' zei ik dan uit volle overtuiging. 'Dit gaat over de dood van een kind, niet over mijn man.' Onzin natuurlijk. Want om verdriet of rouw te kunnen spelen, moet je op zoek gaan naar dat verdriet in jezelf. Waardoor Antonie elke avond langskwam. Plop, dan was hij er weer. In die volle zaal, op dat podium. Waardoor ik twee jaar na zijn dood weer elke avond om hem stond te huilen.
Deze voorstelling kwam een jaar na die eerste. Met Merlijn ging het toen wel, hij sliep weer door, maar ditmaal kon Vlinder het niet aan als ik wegging. Ik zorgde er dan meestal voor dat ik al de deur uit was als zij om drie uur 's middags van school kwam. Aan dat ene half uurtje zou ze toch niet zo veel hebben en dan moest ze bovendien afscheid van me nemen. Ik plande dat dus allemaal zorgvuldig en liet haar van school halen door leuke ooms, tantes of oppassen, want het werd steeds een drama als ze me 's middags zag vertrekken. Merlijn opperde laatst dat dat zomaar de angst zou kunnen zijn dat ik, net als haar vader, ook opeens zou verdwijnen en niet meer terug zou komen, maar destijds vatte ik het niet op die manier op. Vlinder is altijd een klemaapje geweest dat het liefst elke avond bij me in bed sliep. Dus het hielp niet dat ik 's avonds op de planken stond. Ik voelde me dan zo verscheurd, dat ik het op een gegeven moment niet meer aankon.

Stoppen was echter geen optie. Zelfs een avondje overslaan kon natuurlijk niet zomaar. Tot overmaat van ramp kreeg collega Irma Hartog, die de rol van gezinstherapeut speelde, last van podiumangst: ze durfde het toneel niet meer op. Als zij ermee zou stoppen, moest er een vervangende acteur komen. Dat betekende dat we opnieuw moesten gaan repeteren, dat het allemaal nog langer zou gaan duren. Ik heb haar toen apart genomen en gezegd: 'Irma, ik kan ook niet meer. Maar we kunnen niet stoppen. Laten we elkaar hier in godsnaam doorheen slepen.'

We zijn toen gaan vinken: na het slotapplaus gingen we aftellen. Nog drie weken. Nog twee. Nog vijf voorstellingen, nog drie. Net zo lang tot we de laatste gespeeld hadden. We hebben gejuicht toen, want we hadden het volgehouden.

Toen ik die laatste avond weer naar huis reed, besloot ik het helemaal anders te gaan doen: ik zou weer gaan auditeren voor televisieseries. Dat zijn langlopende klussen en de opnames vinden vooral overdag plaats als de kinderen op school zijn. Ideaal dus! Ik kreeg de hoofdrol in de televisieserie *Celblok H* die zich afspeelde in een vrouwengevangenis. Maar ik had iets belangrijks over het hoofd gezien: soms word je al om zes uur 's morgens op de set verwacht. Hoe kan ik dan de kinderen uit bed halen, aankleden en naar school brengen? Toevallig had ik een collega-acteur aan de telefoon die bekend was met de combinatie kinderen en acteerrooster. Hij kwam met een geweldige oppas die in Amsterdam woonde en ook nog eens tijd had. Zij stond 's morgens vroeg op de stoep als dat nodig was, maakte ontbijt voor de kinderen en bracht Vlinder naar school. 's Middags haalde ze haar ook weer op en wachtte tot ik er weer was.

Hoe zwaar het werken na de dood van Antonie me ook vaak viel, ik beleefde wel veel mooie momenten. Dankzij mensen die me steunden, die me ergens doorheen sleepten en dankzij een netwerk dat ik aan durfde te spreken. Want zelfs op momenten dat je er in blinde paniek helemaal alleen voor denkt te staan, of dat nu 's morgens vroeg of 's avonds laat is, kom je er vaak na één telefoontje al achter: je bent niet alleen. Écht niet.

Als een collega of een klasgenoot een dierbare is verloren, is elk gebaar waardevol. Probeer het dus maar gewoon. Een goed gesprek, een simpel 'gecondoleerd', een lieve blik, een aai over een hand, een kort kneepje in de schouder. Niets is stom, dus doe waar je je prettig bij voelt. Het enige wat in die periode wel verkeerd kan vallen bij iemand die net iets heftigs als een sterfgeval heeft meegemaakt, zijn grappen of lompe opmerkingen. Let daar een beetje op. Mensen die net – of langer geleden – iemand aan kanker hebben verloren, hebben uiteraard moeite met die ziekte als scheldwoord. Het beste is uiteraard om helemaal nooit dat woord als scheldwoord te gebruiken, maar doe het vooral niet als er iemand in de buurt is die die ziekte en de gevolgen ervan in de ogen heeft gekeken.

Ook bij ons konden onschuldig bedoelde opmerkingen pijn doen. Tijdens gezellige momenten in het repetitielokaal of de schoolkantine raakten opmerkingen als 'ik ga nog liever dood', 'knoop mij maar op' of 'daar zou ik niet dood gevonden willen worden' ons recht in het hart. We zeiden er nooit iets van, we verstarden alleen maar. Blijkbaar in zo'n mate dat iedereen het voelde. Vrijwel meteen werd er dan een 'sorry' achteraan gezegd, maar dat maakte het vaak nog pijnlijker – voor beide partijen. Toen dachten we nog dat die gevoeligheid van tijdelijke aard zou zijn, maar dat soort opmerkingen raken ons nog steeds. Juist doordat ze zo achteloos gemaakt worden, komen ze zo hard bij ons binnen. Omdat het zo oneerlijk is dat het voor ons nooit achteloos maar vooral machteloos voelt.

Fragment uit *Ik weet niet wat ik zeggen moet...* van Mariska Overman en Rob Bruntink (uitgeverij Ten Have, 2020):

Het is onmogelijk om zeker te weten wat precies goed is om te zeggen, omdat iedereen nu eenmaal anders is en rouw heel persoonlijk is. In het algemeen zijn er echter wel opmerkingen te noemen die redelijk vaak in het verkeerde keelgat schieten bij mensen in rouw. We hebben ze verzameld in een top 15.

1 Ben je er al overheen?
2 Geloof me, tijd heelt alle wonden.
3 Het eerste jaar, dat is het ergst.
4 Ze was natuurlijk al wel op leeftijd, hè?
5 Je had niet zo'n goede band met hem, toch?
6 Hij heeft in ieder geval niet geleden.
7 Heb je het al verwerkt?
8 Maar jij hebt tenminste nog afscheid kunnen nemen.
9 Denk je nog steeds aan hem? Hij is toch al zes jaar dood?
10 Het is Gods wil.
11 Het is maar beter zo.
12 Heb je het al een plekje gegeven? / Je moet het een plekje geven.
13 Ik weet precies hoe je je voelt.
14 Ze is op een betere plek nu.
15 Het is beter te hebben liefgehad en verloren, dan nooit te hebben liefgehad.

Soms vinden mensen dergelijke uitspraken niet ontzettend erg, omdat ze de intentie waarderen, en het feit dat je in ieder geval íéts zegt. Dus zeg je per ongeluk toch het verkeerde, voel je ook weer niet al te schuldig. Soms gebruiken mensen zelf een van die opmerkingen. Ook dat is prima, ga er niet tegenin. Het is alleen niet aan jou om dat soort opmerkingen als eerste te maken omdat ze vaak (onbewust) oordelend of afkeurend zijn en daarmee kwetsend. De ander heeft al een enorme kwetsuur door het verlies, daar hoeft niets meer bij.

OPRUIMEN

MERLIJN

In mijn woonkamer heb ik een poster van de film *All Stars* hangen, mijn vader en mijn moeder staan er allebei op. Ook hangt er een platina plaat van mijn vaders single 'Toen ik je zag' aan de muur. Ik vind het fijn dat hij op die manier een beetje om me heen is thuis. Op mijn slaapkamer heb ik een filmprijs van hem staan. Hij kreeg 'm op een buitenlands filmfestival, het is een kubus van glas waar zijn hoofd in 3D in is geslepen. Best luguber eigenlijk. Vanuit mijn ooghoeken zie ik het ding staan als ik me 's morgens aankleed en als ik 's avonds weer naar bed ga, maar ik kijk er nooit echt bewust naar. Toch is het prettig dat er wel een mogelijkheid is dat ik hem even aan kan kijken.

Meer spullen heb ik niet van hem en daar heb ik ook geen behoefte aan. Ik weet dat mijn moeder heel veel kleren van mijn vader voor me heeft bewaard, maar ik hoef ze niet. Er was een tijd dat ik sliep in de oude T-shirts van mijn vader; daar ben ik inmiddels uitgegroeid. Het enige wat ik waarschijnlijk nog wel pas, is zijn enorme bruine bontjas. Als kind vond ik die fascinerend, hij droeg dat ding altijd, ook op de cover van mijn moeders boek *Toen ik je zag*. Die jas ligt nog ergens in een doos. Als ik tegen mijn moeder zeg dat ze het allemaal weg mag gooien, zal ze dat waarschijnlijk doen.

Of het pijn zal doen weet ik niet, en daarom zeg ik het nog niet tegen haar. Zo hoeven we er nog niet achter te komen hoe dat voelt.

ISA

Met het opruimen van Antonies spullen heb ik nooit moeite gehad, met het weggooien ervan wel. Het makkelijkst was om alles in dozen te stoppen voor als iemand anders er nog eens behoefte aan zou hebben. De broer van Antonie vond het heel fijn om zijn kleren te dragen, dan voelde Antonie weer dichtbij. Ik vond dat eigenlijk heel onprettig om te zien en dat zei ik dan ook, dus hij droeg ze daarna niet meer als hij mij die dag zou zien.

Het opruimen ging in fasen. Eerst stopte ik alles in dozen, maar na een tijdje moest ik er toch aan geloven, vond ik. Dan belde ik vriendinnen, trokken we een fles wijn en een doos open. Het is fijn om dat niet in je eentje te hoeven doen. Het haalt een beetje de zwaarte van de spullen af en het kan voorkomen dat je dingen overhaast weggooit of juist terug in de doos stopt om er een paar jaar later opnieuw over te twijfelen, zelfs over voorwerpen die hartstikke oud of kapot zijn. Die vriendinnen vroegen me dan waarom ik die spullen wilde bewaren: als aandenken, of uit schuldgevoel? De dingen die weg konden, heb ik zo veel mogelijk weggebracht voor hergebruik. Zijn boeken bracht ik naar de kringloopwinkel, zijn kleren naar het Leger des Heils. Ik benaderde het zoals je in een relatie ook spullen weg kan doen zonder dat er een sterfgeval heeft plaatsgevonden: wil ik dit boek nog, draag je die broek nog? Wat het nu makkelijker maakt, is dat ik het niet meer met hem hoef te overleggen. Dus: ga ik zijn spirituele boeken lezen? Nee. En wil ik dit lelijke shirt dragen of iemand anders erin zien lopen? Ook niet. Dus weg ermee. Het zijn maar spullen. Je krijgt de overledene niet terug als je het bewaart en de connectie wordt niet minder als je het wegdoet.

Zelfs het verliezen van mijn meest dierbare bezit, mijn trouwring, heeft er niet voor gezorgd dat hij minder bij me is. Toch blijf ik onophoudelijk naar die ring zoeken. We hebben hem samen uitgezocht en gekocht in Venetië waar we toen ook getrouwd zijn, maar op een dag was ik 'm kwijt. Toen de ring al een paar jaar weg was, heb ik er eens een foto van geplaatst op Instagram in de hoop dat iemand de ring had gevonden en herkende. Een man reageerde erop, hij zou helderziend zijn en ook regelmatig samenwerken met de politie. Die man kwam bij me thuis en vertelde dat de ring in mijn werkkamer lag. Dat kan niet, dacht ik, totdat ik naar de grote kasten keek die ik erin had gebouwd. Ineens kon ik me voorstellen dat ik tijdens het klussen m'n trouwring af had gedaan en dat de ring vervolgens is ingebouwd. Mochten toekomstige bewoners van het huis aan de Vondelstraat in Amsterdam dus ooit van plan zijn om die kasten er weer uit te slopen en er heel een mooi ringetje vinden, dan moeten ze me maar even bellen.

Wat ik ook nog heel graag weer in huis zou willen hebben, is de vleugel waar Antonie altijd op speelde. Tot afgrijzen van zijn vader heeft hij die ooit babyblauw geverfd, wat natuurlijk een absurde kleur is voor zo'n prachtig klassiek instrument. Toch was het eindresultaat heel mooi. Na zijn dood is de vleugel naar zijn ouders gegaan, omdat hij bij mij in Amsterdam niet paste. De babyblauwe vleugel staat nu in de hal van zijn ouders, zelfs zijn vader vond hem daar mooi staan. Er wordt nog veel op gespeeld, ook door neefjes en nichtjes die geen herinnering aan hem hebben maar wel weten dat die vleugel van hun oom is geweest. Ooit komt die vleugel weer bij mij thuis te staan, zodra ik een huis heb dat er groot genoeg voor is. Binnenkort ga ik weer verhuizen, maar ook daar past-ie niet. Daardoor weet ik dat dit nieuwe huis ook niet mijn laatste huis zal zijn. Zo belangrijk kan een levenloos voorwerp dus blijkbaar toch zijn.

Terugblikkend op de afgelopen jaren ben ik blij dat we niet meer in het huis wonen waar we destijds met hem hebben gewoond. Doordat we verhuisden werden we haast gedwongen om spullen weg te gooien. Die druk maakte het wel zo prettig, ik zou denk ik heel verdrietig worden van al zijn spullen om me heen. De stoel waarin hij graag zat, het bed dat ik met hem deelde. Ik denk dat het voor ons goed is geweest om het huis waar hij in woonde achter ons te laten en nieuwe herinneringen te maken. Maar echt zeker zal ik het natuurlijk nooit weten.

Fragment uit *Toen ik je zag* van Isa Hoes (uitgeverij Artemis & co, 2013):

En eindelijk is het dan zover. Op 1 juni 2011 kunnen we verhuizen naar de Valeriusstraat. Wat heerlijk! Er zijn veel mensen die ons helpen, maar aan het einde van de dag gaat iedereen weer naar huis. Ook al wilde ik het zelf zo, het voelt meteen weer heel alleen. Een beetje bang, maar tegelijk ook klaar voor een nieuwe fase doe ik de deur achter de laatste die weggaat op slot.

We hebben ieder een eigen slaapkamer, maar in het begin slapen Merlijn en Vlinder toch nog alle twee bij mij, een bij mij in bed, de ander op een matras ernaast. Vrij snel went ook dit weer: een huis op de begane grond, een bankje voor de deur, iemand die op de ramen klopt voor een kopje thee of een glas wijn.

De school van Vlinder is vijf minuten fietsen, Merlijn doet er maximaal tien minuten over, en zo krijgt ons leven langzaamaan weer een normaal ritme. Merlijn zit op voetbal, Vlinder op ballet, en beiden krijgen steeds meer vrienden en vriendinnen. Net een normaal gezin.

Voor mij is het elke dag weer dubbel. Het gemis is enorm, maar de liefde en aandacht van iedereen om ons heen is hartverwarmend. Het dagelijks leven vraagt zo veel aandacht en ik heb heel sterk het gevoel dat ik het gezellig moet maken. Niet te veel bij de pakken neer mag zitten en door moet gaan, zo veel mogelijk leuke dingen doen. Het is al zwaar genoeg geweest. Dat Antonie niet meer kon genieten, wil niet zeggen dat wij dat nu ook niet meer mogen. Het is goed om juist wel te genieten, om het leven te vieren, plezier te hebben. Dat wordt mijn nieuwe motto: vier het leven.

EEN NIEUWE RELATIE

ISA

Het schijnt opvallend te zijn dat ik sinds de dood van mijn man geen nieuwe partner heb gehad. Zelf had ik tien jaar geleden ook niet kunnen voorspellen dat ik zo lang alleen zou blijven, maar het voelt ondertussen niet onlogisch dat ik nog steeds geen nieuwe liefde heb gevonden. Toen mijn laatste liefde nog leefde, waren we namelijk met zijn vieren: Antonie, Isa, Merlijn en Vlinder. Dat gezin was perfect zoals het was en ook waar we ooit van droomden. Twee gezonde kinderen, een boerderij langs het water, werk dat we leuk vonden, heel veel liefde die we elke dag voor elkaar voelden. Het getal vier was voor ons perfect, we hoefden geen drie en ook geen vijf, want vier was precies goed. Maar sinds hij er niet meer is, bestaat die vier niet meer. In mijn hart nog wel, maar de realiteit bleek anders. We zijn nu met drie en dat werkt wonderwel ook goed. Met z'n drieën zijn we de sterkste versie van onszelf geworden, alhoewel we hoogstwaarschijnlijk nóg hechter met elkaar waren als nummer vier er ook nog was geweest. Waarom zou er dan eigenlijk een nieuwe nummer vier moeten komen? Een man die bij ons aan tafel zit, die onze verjaardagen komt vieren en meegaat op vakantie? Begrijp me niet verkeerd: als ik op de bank zit en buiten een serenade klinkt van een prins op een wit paard of desnoods een ezel, dan ben ik de eerste die naar buiten rent om hem in de armen te vliegen. Maar dat betekent niet dat het als iets vanzelfsprekends voelt.

Want ik had al een gezin.
Ik was al gelukkig.
Ik hoef geen nieuwe prins.

Maar het lijkt me stiekem wel heel leuk.

Een man die me laat lachen. En urenlang naar me luistert. Me meeneemt naar verre landen en me vertelt over zijn angsten en zijn dromen, die verstand heeft van dingen die ik niet ken en inzichten deelt die mijn wereld op zijn kop zetten. Die me optilt en mee naar een slaapkamer neemt waar hij me de hele nacht weer een meisje laat voelen in plaats van een eeuwige weduwe.

Want dat heb ik nooit willen zijn.

Maar waar vind ik zo'n man?
In een kroeg?
Daar is iedereen dertig.
In een museum?
Daar zijn mooiere dingen om naar te kijken.
Op Tinder?
Dat heb ik allang geprobeerd.

Laatst heeft een vriendin me aangemeld op Happn, een datingsite waar je mensen tegenkomt die je in het echte leven ook hebt gezien maar die je niet aan durfde te spreken of niet had opgemerkt. Of zoiets. Ik wilde het niet, maar die vriendin en ik hadden wijn gedronken en zij vond het heel leuk om een profiel voor me aan te maken. Dat is natuurlijk hilarisch op de avond zelf, maar de volgende ochtend zat ik ermee. Wát een hoop enge mannen. Totdat... ik er toch een heel leuke tussen zag. En hij vond mij ook leuk, dat had hij aangegeven met een vinkje. Hij stuurde me een berichtje en ik stuurde er dus maar eentje terug. Hij vertelde dat hij vijfentwintig jaar in het buitenland had gewoond en net weer terug was. Hij was leuk en hij hield van gin-tonics. Hij wist niet echt wie ik was en ook niet hoe mijn leven eruitzag, maar hij vond het wel leuk om een keer koffie te drinken. Maar liever nog gin-tonics.

Stilte.

Ik ging ervan uit dat hij met wat data zou komen.
Dat leek me logisch.
Al had ik ook heus als eerste wat data willen geven.

Nog langere stilte.

'Ben je een leuker iemand tegengekomen?'
Vroeg ik uiteindelijk.

'Misschien.'

O.

Ik was zó beledigd.
En tegelijkertijd stelde ik mezelf gerust.
Zo werkt dit dus.

Hij had koffiegedronken met iemand en hij ging naar Zwitserland.
En als hij terugkwam uit Zwitserland zou hij nog een keertje koffie met haar drinken.

Wat?
Dacht ik.
Denk je dat er iemand leuker is dan ik ben?
Dacht ik.
Voor Antonie was er niemand leuker dan ik ben.
Wist ik.
Dus hoe leuk denk jij wel niet dat jij bent?

Ik was in shock.
Ik kon wel janken.
Ik was woedend.

Misschien mis je nu wel de liefde van je leven.
Stuurde ik.
Heel treurig.
En egocentrisch.
Of wat er op dat moment nog van mijn ego over was.

Ik heb nooit meer iets van hem gehoord.
En toen dacht ik weer aan dat artikel waarin ik 'de eeuwige weduwe' werd genoemd.
Dat is dan maar zo.
Ik heb in ieder geval alles geprobeerd.
Of misschien niet alles, maar in ieder geval iets.
Ik heb iets geprobeerd.

DE EERSTE ZOEN

ISA

Het was een jaar na Antonies dood en ik werd door een collega meegenomen naar een feestje – omdat die collega vond dat ik een feestje nodig had. Het werd gegeven in een groot huis met veel wijn en een enorme open haard en heel veel leuke mensen die allemaal rond die open haard zaten of lagen. Het was heerlijk om er even uit te zijn, om een avond geen moeder of actrice te zijn, om niet in m'n eentje op de bank te zitten of voor een volle zaal te staan. Toen ik ook bij de open haard plaatsnam, had ik al snel aanspraak van een heel knappe man. Die ook nog heel leuk was. En geïnteresseerd. En toen gebeurde het. Dat moment waar ik al zo lang tegen opzag, spannend vond, over twijfelde: het moment dat iemand me zou gaan zoenen. Zou ik schrikken? Me schuldig voelen? Zou ik me eraan over durven geven? Die twijfel was er echter geen moment toen de leuke, knappe geïnteresseerde man ineens heel dichtbij me kwam en me zoende. Het werd een heel lange fijne zoen. Eentje zonder gedoe en geschiedenis. Zo'n zoen die ik wel vaker had beleefd in mijn leven, maar allang was vergeten. Het was leuk en ik dacht ondertussen aan niets of niemand. En daar heb ik me niet eens schuldig over gevoeld.

Het bleef met die man slechts bij één zoen. Ik voelde me

niet verliefd en daardoor ook niet onzeker, ik voelde me gewoon blij. Blij dat ik nu wist dat zoiets gewoon leuk mag zijn, dat ik mezelf heb durven gunnen om ervan te genieten. In de loop der jaren heb ik heus nog wel met meer mannen gezoend. De één bleek te jong en de ander homoseksueel. Een man bij wie het niet bij zoenen bleef, was net gescheiden. Niet lang na een fantastische ochtend met hem in bed keerde hij toch terug naar zijn vrouw. Dat begreep ik, want ik zou ook zijn teruggekeerd naar mijn man als ik die optie had gehad. Ik heb in de afgelopen jaren geleerd dat mijn liefde voor Antonie nooit minder geworden is, ook al waren er mannen die heel even fysiek zijn plek innamen. Ik weet nu dat ik daarvan kan genieten zonder dat ik me daarna rot voel, ik voel me daarna vooral weer even gezien. Eventjes niet alleen. En vooral weer even springlevend.

FOTO'S

MERLIJN

Toen mijn vader overleed, ontstonden er overal eerbetoontjes. Op televisie, in kranten en tijdschriften en in het theater. Bij een musicalvoorstelling werd er ook bij hem stilgestaan, op het toneel stond een heel grote foto van hem. Op die foto lacht hij mooi en zijn blonde haren zijn lang, het lijkt alsof hij licht geeft. Het is precies zoals ik mijn vader wil zien en wil herinneren. Toen de theaterwereld was uitgerouwd werd de foto naar ons huis opgestuurd. Hij is een meter bij een meter groot, mijn moeder hing hem in de hal van ons eerste huis in Amsterdam, recht tegenover de voordeur. Je kon er daardoor niet omheen als je langskwam of gewoon thuiskwam. Na een tijdje zag mijn moeder ook wel in dat het iets te confronterend was, dus haalde ze hem weer weg. Ze wist niet wat ze ermee moest, dus nam ik 'm over. Ik wilde hem aan mijn muur achter de televisie hangen, maar daardoor zou ik steeds mijn vader zien als ik tv zat te kijken. Dus hing ik hem aan de muur boven mijn bed aan het hoofdeinde. Het voelde 's nachts dan een beetje alsof hij over me waakte. Het was best een gekke plek misschien, maar als ik in bed lag zag ik hem niet. Ook meisjes die wel eens langskwamen heb ik er nooit over horen klagen. Inmiddels woon ik ergens anders en staat de foto in een opslag. We weten niet wat we er nu mee moeten, maar weggooien kunnen we hem niet. Laatst zag ik op televisie dat in de studiogangen van *Goede tijden, slechte tijden* foto's hangen van hun overleden acteurs. Misschien is het een idee om de foto aan hen te schenken, dan kan m'n vader daar verder stralen.

ISA

Een vriendin zei laatst dat ze het raar vindt dat ik thuis geen plekje voor Antonie heb gecreëerd, een soort altaartje met foto's waar ik eventueel ook een kaarsje kan branden. Maar ik heb daar nooit behoefte aan gehad. Die vriendin heeft dat thuis wel gemaakt voor een overleden dierbare en daar zegt ze dan elke ochtend goedemorgen tegen. Ik zie mezelf dat niet doen, maar ik sta er wel voor open. In mijn nieuwe huis wil ik misschien toch een plekje voor Antonie inrichten. Tien jaar lang beperkte ik dat tot een foto op de wc en bij m'n bed. Maar in mijn bed slaap ik en op de wc zit ik met m'n rug naar zijn foto toe, dus misschien moet ik hem in de toekomst toch een wat prominentere plek geven. Er is een foto van hem die ik laatst weer tegenkwam en op Instagram plaatste. Op die foto lacht hij met zijn hele gezicht, iets wat hij niet altijd kon. Er zijn veel foto's waarop hij wel lachte, maar dan lachten zijn ogen niet mee. En er is een foto waarop hij verkleed is als piraat – hij kwam op Merlijns school uit een piratenboek voorlezen. Merlijn staat ook op die foto, aandachtig luisterend naar zijn vader die de hele klas inpakte. Die twee foto's zouden zich goed kunnen lenen voor een vast plekje in mijn nieuwe huis. Ik zal daar eens voorzichtig over na gaan denken, ik heb daar gewoon nooit echt de rust voor genomen. Misschien stelde ik het uit in de wetenschap dat ik dan nog iets te doen zou hebben rondom hem: foto's in een album plakken, in lijstjes stoppen, aan de muur hangen. Zodra ik dat gedaan heb, is het namelijk echt klaar. Dan heeft hij zijn plek gekregen in een kast en in ingelijste foto's die je op den duur niet meer opvallen. Zolang ik dat uitstel en hem dat plekje niet geef, zweeft hij nog overal een beetje om me heen. Dan zit hij in uit te pakken dozen en na te streven doelen. Dat is stiekem best prettig: weten dat er in de toekomst nog iets is wat ik met hem kan gaan doen. Misschien geef ik hem dat plekje dus wel nooit, dan blijft er altijd nog iets open.

OP BEZOEK BIJ

Marjan Huydts

Ze verloor zoon Bobbie, dochter Frédérique en echtgenoot John

ISA

We rijden door groene en brede lanen. Aan weerszijden staan grote huizen, de navigatie zegt dat we er over vier minuten zijn. Merlijn zit naast me in de auto en heeft een zonnebril op, ondanks dat het bewolkt is vandaag. Hij probeert op zijn telefoon kaartjes te reserveren voor Ajax, maar dat lukt niet goed. Merlijn wordt op zulke momenten chagrijnig en stil, stiller dan normaal. Ik herken deze wijk, ik ben hier eerder geweest met Frédérique. Haar moeder lag toen in het ziekenhuis, dus gingen zij en ik even bij haar langs. Uiteraard wipten we toen ook even bij Frédériques vader langs in haar ouderlijk huis. Het huis waar Frédérique vandaag niet meer is. Vijftien jaar geleden overleed ze aan kanker. We speelden vanaf dag één in *Goede tijden, slechte tijden* met elkaar. Zij speelde de zachtaardige Annette van Thijn, ik de prettig gestoorde Myriam van der Pol.

We kenden elkaar al eerder, want we zaten tegelijkertijd op de toneelschool in Maastricht. Zij twee klassen hoger dan ik. We hadden een gezamenlijk vriendinnetje uit Den Haag, Marieke, die bij mij in het eerste jaar zat. Jaren later trof ik Frédérique opnieuw aan in de kleedkamer van *Goede tijden, slechte tijden*. Ze bleek net als ik in Amsterdam te wonen, dus reden we vaak samen naar de studio en vertrokken we aan het einde van de dag weer samen naar huis. In de auto hadden we enorm veel lol over alles wat we die dag beleefd hadden. We lachten ook veel om Antonie, we noemden hem 'de schildpad'. Hij at namelijk heel sloom en hij had van die vage verhalen. Dan was hij zogenaamd weer verliefd op iemand, maar hij had daar dan geen seks mee, want daar deden ze niet aan. 'Hoezo niet?' riepen we dan allebei naar hem. Maar we praatten ook over serieuze dingen. Over haar oudere broer Bobbie bijvoorbeeld. Hij pleegde zelfmoord toen Frédérique op de toneelschool zat. Bobbie was eenentwintig, iets jonger dan Merlijn nu is, ik kan me niet voorstellen hoe het is om zonder Merlijn verder te moeten. Laat staat hoe het is om allebei je kinderen te verliezen. Onlangs hoorde ik dat Frédériques vader ook is overleden, moeder Marjan woont nu dus in haar eentje in deze wijk, nog steeds in hetzelfde huis als waarin ze met haar gezin heeft gewoond.

We rijden haar straat in.

'Doe je je telefoon weg, Merlijn? We zijn er.'

Het is niet gelukt met de kaartjes en daar baalt hij van. Gelukkig zal hij vandaag weer beseffen dat er ergere dingen in het leven zijn dan het missen van een voetbalwedstrijd. Als we de oprit oplopen, gaat er achter een grote struik een deur open.

'Isa?' hoor ik.

'Hallo Marjan!' roep ik terug.

Hoelang geleden was ik hier? Dertig jaar? Als ik Marjan zie valt mijn mond open van verbazing. Voor me staat een vrouw die veel jonger oogt dan negenenzeventig. Ze is slank en mooi gekleed. Als ze eind zestig zou zijn had ik het ook geloofd. Enthousiast begroet ze ons, ze slaat armen om ons heen en trekt ons bijna haar huis binnen. Ze zegt dat ik niks veranderd ben en richt zich daarna volledig op Merlijn. Ze vertelt dat ze zijn boek heeft gelezen.

'Wat heb je dat prachtig geschreven, Merlijn. Ik herkende zo veel van je vaders worsteling in mijn zoon. Dat manische, maar ook het gevoel dat ze anderen tot last waren met hun ziekte. Ik begreep daardoor heel goed waarom je vader deed wat hij heeft gedaan. En dus ook nog beter waarom mijn zoon het heeft gedaan.'

Ze gaat ons voor haar huis in. Haar woonkamer staat vol met antieke meubels, overal staat iets. Tafeltjes, bloemen, kleedjes, schilderijtjes. Overal waar ik kijk zie ik Frédérique. In foto's op de piano, in een secretaire, aan de muren. Tussen alle foto's van Frédérique hangen en staan er ook foto's van haar echtgenoot John en er zijn foto's van een jonge jongen met donkere krullen; dat zal Bobbie zijn. Er is geen muziek en er branden geen lampen, waardoor het donker en stil is in de grote woonkamer. Toch dartelt Marjan door het huis. Van de keuken rent ze naar de woonkamer, dan de trap op en weer terug. Ze lacht veel, net als Frédérique altijd deed. Ik begrijp niet hoe je zo levendig kunt ogen als je zo met de dood hebt geleefd.

Toen Frédérique schoon was verklaard, omarmde ze volop het leven. Voor NET5 ging ze een reisprogramma presenteren en ze deed mee aan het zesde seizoen van *Wie is de Mol?*. Toch kwam heel onverwachts de kanker terug. Ditmaal was er geen redden aan, ze overleed een paar weken later al. *Wie is de Mol?* werd na haar dood gewoon nog uitgezonden, Frédérique had daar toestemming voor gegeven. In het programma zag ik haar fietsend een Argentijnse berg van vierduizend meter hoog beklimmen, het deed haar gloeien van trots dat haar dat lukte vlak nadat ze de kanker had overleefd. Kort voor haar dood hoorde ze dat ze het programma had gewonnen, op haar sterfbed mocht ze als winnaar een audioberichtje inspreken voor de kijkers en haar medekandidaten. Ze vertelde hoeveel ze genoten had van de opnames in Argentinië en van de nieuwe vrienden die ze er had gemaakt. Hoe leuk ze het vond dat ze won, maar dat ze eigenlijk boven op die berg al had gewonnen doordat ze zichzelf had overwonnen. Toen het bericht werd uitgezonden was Frédérique alweer een maand dood. Ze is achtendertig jaar geworden. Zes jaar geleden overleed Frédériques vader John, net als zijn dochter, aan de gevolgen van darmkanker.

Aan een plankje in de woonkamer hangen babyschoentjes, ernaast staat een trouwfoto van John en Marjan in zwartwit. Ik zie een dvd op een plank staan van *Ik ook van jou*, de film waar Antonie en Angela Schijf de hoofdrollen in speelden. Na GTST speelden Angela en Frédérique zussen van elkaar in de tv-serie *Meiden van De Wit*. Onderin Marjans boekenkast staat een grote doos met alle dvd's van het eerste seizoen van *Goede tijden, slechte tijden*. Ik zie mezelf op de groepsfoto, om me heen staan Antonie, Reinout Oerlemans, Rick Engelkes en Frédérique. In het tweede seizoen trouwden de personages van Rick en Frédérique met elkaar: deze bruiloft tussen Simon en Annette was destijds de meest bekeken aflevering van GTST ooit, er keken meer dan tweeënhalf miljoen mensen naar. Naast de dvd-box staat een foto van Angela Schijf met haar drie dochtertjes. Er hangt een tekening van Mensje, de oudste dochter van Angela. 'Voor oma Jan' staat er op de tekening. Wat fijn dat Angela altijd contact heeft gehouden. Het typeert een groot deel van de oude GTST-garde, veel van de acteurs van toen hebben nog veel contact met elkaar. Rick

Engelkes is tegenwoordig theaterproducent en stuurde me onlangs een uitnodiging voor zijn nieuwe toneelstuk. Er zullen meer acteurs van het eerste uur aanwezig zijn, dit soort premières voelen altijd als een reünie. Als Frédérique nog had geleefd zou ze er ongetwijfeld ook zijn geweest. Antonie en ik gingen twintig jaar geleden in een boerderij in Zevenhoven wonen, toch bleef iedereen contact met ons houden. Frédérique is nog langs geweest toen Merlijn was geboren. Het ging toen helemaal niet goed met Antonie, hij was heel manisch in die tijd en dat viel Frédérique ook op, maar dat vertelde ze me niet. Ik hoorde het veel later van Marc-Marie Huijbregts, die ook op babybezoek was; hij stond met Frédérique buiten toen ze zei: 'Wat is er in godsnaam met Antonie? Hij is knettergek. Wat is er aan de hand in dit gezin?' Waarschijnlijk begreep ze wel wat de situatie was – omdat ze het in haar eigen gezin ook heeft gezien en meegemaakt – maar dat wilde ze op dat moment niet zeggen.

'Weet je wat ik me net bedacht?' vraag ik aan Marjan. 'Dat we alle drie hetzelfde hebben meegemaakt – een geliefde verliezen aan zelfdoding – maar op een hele andere manier. Bij jou was het je zoon, bij mij mijn man en bij Merlijn zijn vader. Ik snap dus hoe het is, maar kan me tegelijkertijd niet voorstellen hoe dat voor jou geweest moet zijn. Gek hè?'

'Helemaal niet,' zegt Marjan. 'Ik denk ook echt dat het heel anders was. Voor jullie was het direct heel verdrietig en onwerkelijk dat Antonie die beslissing had genomen. Ik voelde me daarentegen bijna opgelucht toen mijn zoon dat deed. En ik was ook niet verbaasd. Het was een donderdagmiddag, mijn man belde me op om te zeggen dat Bobbie dood was. Ik vroeg meteen: "Hoe heeft hij het gedaan?" Ik wist dat het geen ongeluk was. Bobbie was gedwongen opgenomen in een inrichting. Hij voelde zich er doodongelukkig en was er agressief, hij heeft ook wel eens in een dwangbuis moeten liggen. Vlak voor zijn opname zat hij in de gevangenis, waarom weet ik niet eens meer. Hij stond te klieren bij een auto, wilde die openbreken ofzo. Volstrekt zonder reden natuurlijk, waarom zou een jongen uit Wassenaar een auto willen openbreken? Als we hem opzochten, zag je duidelijk dat hij daar niet thuishoorde. Die bezoekjes waren eigenlijk heel gezellig, met Frédérique ging hij dan raden wie van de mensen in het visitezaaltje gedetineerden waren en wie er op bezoek kwam. Dan hadden ze de grootste lol samen. Achteraf is het goed dat hij toen door de politie was opgepakt, want daardoor hadden ze zijn vingerafdrukken. Dat was de enige manier waarop hij geïdentificeerd kon worden nadat hij voor de trein was gesprongen. Hij mocht af en toe even de kliniek verlaten om bij ons te eten of om een wandelingetje te maken, en zo'n moment heeft hij benut om naar het spoor te lopen. Van de NS kregen we een bos bloemen thuisbezorgd. Had het maar aan die machinist gegeven, denk ik dan. Ik heb eens gehoord dat mensen die voor de trein springen vaak nog even zwaaien naar de machinist, zo in de war zijn ze. Het zou me niet verbazen als Bobbie dat ook heeft gedaan.

Na zijn dood heb ik nog één keer in een trein gezeten. Dat was een verschrikkelijke ervaring, dat heb ik daarna nooit meer gedurfd. Maar toch, en dat klinkt vast heel gek, waren we hem dankbaar. Door zijn dood waren namelijk onze zorgen voorbij. De zorgen die we om hem hadden en de zorgen die hij ons bezorgde. Er hebben wel eens Haagse onderwereldfiguren voor onze deur gestaan, die kwamen geld halen dat hij in een manische bui van ze had geleend. Slapeloze nachten hadden we daarvan. Hij wist dat hij ons daarmee tot last was, hij besefte dat ons leven en dat van Frédérique zorgelozer zou zijn als hij er niet meer was. Zijn dood was dus een daad van liefde, al duurt het natuurlijk wel even voordat je het in dat perspectief kunt plaatsen.

Een dag voor zijn dood heb ik Bobbie nog gezien. We gingen samen golfen, het was een hele gezellige dag. Die avond is hij ook blijven eten, er was geen enkel signaal dat hij een dag later zoiets drastisch zou doen. Achteraf zijn er wel tekenen geweest. Hij draaide in die periode altijd één bepaald liedje: 'Suicide is painless', uit de tv-serie *M*A*S*H*.

Suicide is painless
It brings on many changes
And I can take or leave it if I please

The game of life is hard to play
I'm gonna lose it anyway
The losing card I'll someday lay
So this is all I have to say

Pas toen Bobbie was overleden, viel de tekst van dat liedje me op. Maar misschien heeft het niets met zijn keuze te maken en vond hij het gewoon een mooi liedje of een leuke tv-serie. Dat hij dat liedje vaak draaide, herinnerden we ons later pas. Het is dus ook niet op de uitvaart gedraaid. Daar draaiden we Franse chansons en 'Hello' van Lionel Richie.

Hello, is it me you're looking for?
Because I wonder where you are
And I wonder what you do
Are you somewhere feeling lonely
Or is someone loving you?

De uitvaart was in besloten kring, maar er kwamen toch heel wat mensen op af. Hij was dus geliefder dan we dachten. We kozen niet voor een graf. Sowieso hebben we daar niet veel mee, ik ga ook nooit naar het graf van mijn ouders. Twee maanden na de crematie kregen we een brief: "Hedenmorgen is de as van Dhr. R.J. Huydts uitgestrooid in het bijzijn van de beheerder." Dat vond ik zo naar. Ik had wel willen weten dat dat gebeurde. Tegenwoordig mag je de as meenemen, maar dat mocht vijfendertig jaar geleden nog niet. Frédérique wilde graag voor de helft uitgestrooid worden boven Frankrijk en de andere helft boven Nederland, maar dat kon niet. Daarom is ze uitgestrooid boven zee, met een vliegtuigje. Dat had ze op de televisie gezien en dat vond ze mooi. Liever had ik m'n kinderen hier in de tuin uitgestrooid, dan waren ze wat dichter bij me.'

Ik kijk de tuin in. Er ligt een mooi groen grasveld, eromheen staan hoge bomen. Ik zie voor me hoe Frédérique hier vroeger speelde. Tikkertje, verstoppertje, de handstand, dingen die alle jonge meisjes doen. Tussen de bomen zie ik een klein doorgangetje, de tuin loopt daar nog even door. Ik zie er een rode paddenstoel staan, een stuk groter dan een echte.

'Dat is een nachtlampje van Frédérique,' zegt Marjan. 'Vroeger stond die op haar kinderkamer, nu staat-ie hier. Daardoor is het toch een beetje haar stukje tuin. Dat lampje is vrijwel het enige dat ik uit haar kamer weg heb gehaald, al haar spullen zijn er verder nog. Ik slaap nu zelf in haar kamer, het voelt prettig om daar elke avond naartoe te gaan. Ook de kamer van Bobbie op zolder is nog helemaal zoals hij 'm heeft achtergelaten.'

Zo kan het dus ook. Waar wij vrijwel direct na Antonies dood zijn spullen in dozen stopten en de deur van onze gezinswoning achter ons dichttrokken, koestert Marjan die spullen juist. De babyschoentjes, de nachtlampjes, de kamers die van haar kinderen zijn geweest, alles is er nog, alsof ze er nog zijn. Zou ik het fijn vinden om nog in de kamer te slapen waar ik met Antonie sliep? Dat in de kamer waar hij zijn muziek maakte alles nog aanwezig is, alsof hij er elk moment weer binnen kan lopen? Ik weet vrijwel zeker dat dat me niets gebracht zou hebben. Ook Merlijn zei laatst nog dat hij het prima vindt dat die spullen en het huis tot het verleden behoren, dat hij dat niet nodig heeft om de herinnering aan zijn vader levend te houden. Toch stelt Merlijn nu de vraag die ik niet durf te stellen: of hij Frédériques kamer misschien even mag zien. Merlijn heeft de afgelopen tijd op YouTube naar interviews met haar gekeken en heeft afleveringen van televisieseries gezien. Hij heeft Frédérique dus net pas ontdekt, dat ze hem als baby vast heeft gehouden, weet hij immers niet meer.

Als Marjan de deur van Frédériques kamer opent, voelt het alsof we decennia terug de tijd in gaan. Aan de muur hangt een schattig bloemetjesbehang, naast het raam staat een klassiek houten bed waarvan de randen bezaaid zijn met pluchen knuffels. Hondjes, beertjes en een door Frédérique platgeknuffelde Alfred Jodocus Kwak. Ook op de planken naast ons en boven ons hoofd wemelt het van de knuffels, zonder dat het een stoffige bende is. Je ziet aan alles dat Marjan het kamertje met liefde verzorgt. Er staat een oud sieradenkistje en heel veel fotootjes van Frédérique als klein meisje en als tiener. Er staat ook een foto die door Marjan is neergezet: een foto van Frédérique in Costa Rica, twee weken voor haar dood. Ze kreeg daar last van een opgezette buik, vertelt Marjan. Een vliegbuik, dacht men, maar bij terugkomst bleek de kanker terug te zijn. Telkens als Frédérique in het ziekenhuis was geweest voor een chemokuur kwam ze hier uitrusten, in haar oude kamertje in haar eigen bed.

'In een la van het nachtkastje ligt een klein tasje met wat spulletjes van haar,' vertelt Marjan. 'Een bikinietje en een kammetje, haar geur zat er lange tijd in. Daarom hield ik de rits altijd stevig dicht en deed ik er plastic omheen om de geur te bewaren. Af en toe rook ik er voorzichtig aan. Maar op een dag was de geur weg. Dat was te verwachten, maar het viel me toch zwaar.'

Mijn adem stokt als ik een foto zie van het hele gezin samen. Driekwart van de mensen op de foto is er niet meer. Marjan vertelt dat ze al vijfenveertig jaar in dit huis woont. Ze is hier op haar gelukkigst geweest, maar ook op haar verdrietigst. Ze heeft er wel eens over gedacht om weg te gaan, maar het kwam er niet van. En dat gaat nu ook niet meer gebeuren.

'Ik hoor nog steeds de geluiden van iedereen om me heen. Toen Bobbie net overleden was, dacht ik hem vaak op de zoldertrap te horen. Nu is dat niet meer zo, maar ik denk af en toe nog steeds dat ik John hoor. Of de honden. Een hond verliezen is wat mij betreft vergelijkbaar met het verlies van een kind. Bobbie en Frédérique woonden al niet meer bij ons toen ze overleden, maar een hond is altijd om je heen. Die mis ik dus ook ontzettend.'

'Is het verdriet om je ene kind anders dan om het andere?' vraag ik als we weer in de woonkamer zitten. 'Of wordt het verdriet om je eerste kind misschien minder als je tweede kind ook overlijdt?'

'Het kan naast elkaar bestaan,' zegt Marjan. 'Het verdriet om je kinderen is er gewoon. Rouwen noemt men dat, maar ik weet helemaal niet wat dat is of hoe het werkt. Ik denk dat het betekent dat je het leven niet meer leuk vindt. Als dat zo is, dan ben ik in de rouw. Maar dat ben ik dan al vijfendertig jaar. Al sinds de dood van mijn eerste kind verlang ik naar de dood, en dat gevoel is niet veranderd. Huilen lukt me niet meer. Ik heb er ontstoken ogen van gehad, maar inmiddels heb ik geen tranen meer. Huilen helpt in feite ook niet, daar kom je na verloop van tijd wel achter. Daar krijg je namelijk je kind niet mee terug. En je leert je ook heel erg beheersen. John en ik huilden wel, maar nooit tegelijkertijd. Als we moesten huilen, dan liepen we even weg. Wat dat betreft deden we het dus heel erg in ons eentje, terwijl we samen waren. En misschien heeft dat ons ook wel gered. Niet de ander lastigvallen met je eigen verdriet als die ander net een beetje een goede dag heeft. Dan trek je elkaar naar beneden. Als je verdriet hebt, gebruik dan de schouder van die ander om je aan op te trekken, maar ga er vooral niet te veel aan hangen. Dan zak je samen het moeras in. Je hoort wel eens dat mensen elkaar verliezen als een kind overlijdt, dat ze elkaar niet kunnen vinden in het verdriet. Dat hebben wij gelukkig nooit gehad, ook niet toen Frédérique overleed. Frédérique was een heerlijk kind. Toen Bobbie overleed, studeerde ze aan de toneelschool in Maastricht, maar elk weekend kwam ze thuis. Dan praatten we en huilden we en lachten we. Met de nadruk op dat laatste, want met niemand in het leven heb ik zo heerlijk kunnen lachen als met Frédérique. Zelfs de nacht voordat ze euthanasie kreeg, hebben we nog de slappe lach gehad.'

Ik herinner me de lachbuien die ik met Frédérique had nog goed. Niet alleen aan de telefoon of in de auto, maar ook tijdens werk. Op de set kregen we zo vaak de slappe lach dat de opnames stil moesten worden gelegd, de make-up liep dan in zwarte lijnen over onze wangen. Ondertussen waren wij juist degenen die klaagden over amateurisme. Frédérique en ik waren die twee meisjes van de toneelschool, terwijl de andere acteurs gewoon van een castingbureau of van de straat kwamen. Dan waren we terug in onze kleedkamer en riepen we vol verbazing: 'Het staat er al op! Na één take! Belachelijk, dit kan niks worden. Wat een slechte serie wordt dit, ik denk dat we over twee maanden een nieuwe baan moeten zoeken.'

Als ik haar toen zou hebben verteld dat de serie vijftien jaar na haar dood nog steeds zou bestaan, had ze me waarschijnlijk niet geloofd.

Ook toen ze kanker had, sprak ik Frédérique vaak. Ze werd er gek van dat iedereen het wist en haar vol medelijden aankeek.

'Het lijkt wel of er kanker op mijn voorhoofd staat!' zei ze dan.

Vandaar dat ze het misschien zo stilhield toen de kanker weer terugkwam en haar overlijden daardoor zo plotseling leek. Alleen haar intimi had ze ditmaal ingelicht.

'Frédérique kon niet meer eten,' vertelt Marjan. 'Haar buik was zo verschrikkelijk opgezet. Maar in die tijd was euthanasie nog helemaal niet zo gangbaar als nu. Ze vroeg nog aan me of ik dat goed vond. Natuurlijk vond ik dat, want ze had zo veel pijn. "Zullen we het woensdag 5 april doen?" vroeg de dokter. Maar dan is een vriendin van haar jarig en Frédérique wilde niet dat dat een beladen datum zou worden. "Doe dan maar op 4 april," zei Frédérique. Die dag had de dokter geen tijd, dus plande Frédérique het nog een dagje eerder. Op maandag 3 april 2006 om twee uur 's middags. Frédérique maakte daar geen dramatisch gedoe van: het was zoals het was. Toen de dokter twee uur te vroeg binnenkwam, maakte ze zelfs nog een grapje: "Het is nog lang geen tijd, hoor." Ze had alles tot in de puntjes geregeld. Met een bandrecorder had ze berichtjes opgenomen voor haar vrienden en familie. Op een briefje had ze geschreven wat er na haar overlijden moest gebeuren. Ze wilde opgebaard worden, ze had het helemaal zelf geregisseerd: er moesten bepaalde schoenen uit haar huis gehaald worden en een vestje. Ik wilde niet gaan kijken toen ze er eenmaal lag, ik dacht dat ik kapot zou gaan als ik haar zou zien liggen. Totdat ik bang werd spijt te krijgen. Als de kist definitief gesloten wordt, krijg je immers nooit meer de kans. Ze lag er prachtig bij, ze leek wel Sneeuwwitje.'

Merlijn zit ademloos naast me op de bank. Marjan staat op om een paar lampjes aan te doen. Zonder dat ik het opmerkte, was het in de woonkamer steeds donkerder geworden.

'Allebei je kinderen dood,' zegt Merlijn zacht. 'Hoe overleef je zoiets?'

'Toen Bobbie overleed, moest ik door voor Frédérique. Als ik niet nog een kind zou hebben, zou ik er net als Bobbie een einde aan gemaakt hebben. Maar ja, toen ging Frédérique ook dood. Toen bleef ik maar leven voor mijn man, die wilde ik niet alleen achterlaten. Maar nu is hij ook weg, zes jaar alweer, en ik zit hier nog steeds. Waarom ik er dan toch niet uit stap, snap ik zelf ook niet helemaal. Blijkbaar is er elke dag toch weer een reden om je bed uit te komen en is er aan het eind van de dag een reden om maar gewoon te gaan slapen. Vandaag is jullie komst de reden om uit bed te komen, ik verheug me hier al weken op.'

'En na vandaag?' vraagt Merlijn.

'Na vandaag is er even niks. Eens denken. O jawel, ik kreeg een uitnodiging voor het nieuwe toneelstuk van Rick Engelkes. Rick was mijn eerste schoonzoon, zo zie ik dat tenminste. Hij en Frédérique scharrelden destijds met elkaar, maar wisten dat goed geheim te houden. Toen hun personages met elkaar trouwden, voelden ze ook in het echt vlinders. Ik wist dat wel, maar die tweeënhalf miljoen andere tv-kijkers hadden geen idee. Het is zo mooi dat hij altijd contact is blijven houden en me uitnodigingen stuurt voor speciale momenten. Dat de vrienden en vriendinnen van Frédérique me op blijven zoeken, houdt mij ook jong. Oude mensen zeuren en roddelen en mopperen. Ik erger me daaraan bij mijn vriendinnen en ik merk het ook aan mezelf, ik ben snel chagrijnig. Jonge mensen vind ik veel prettiger en die komen gelukkig nog veel langs, ook met hun kinderen. Ik heb zelf geen kleinkinderen kunnen krijgen via Bobbie en Frédérique, maar dat is niet zo heel erg. Als je iets nooit hebt gehad, kun je het ook niet missen. En dankzij de kinderen van Angela Schijf weet ik toch een beetje hoe het is om oma te zijn. Wie ook nog steeds langskomt, is een vriendje van Bobbie. Die is inmiddels ook al zevenenvijftig. Hij is CEO van een groot bedrijf, dus af en toe stopt er een dure auto met chauffeur voor m'n deur en dan stapt hij uit met een hele grote bos bloemen. Zoiets maakt mijn hele dag goed. En ik zie Daniël, de vriend van Frédérique, ook nog steeds. Zij waren acht maanden samen en euforisch verliefd, ik vond het zo vreselijk voor hem dat ze moest sterven. Inmiddels heeft hij een gezin met iemand anders. Zij is Spaans en heet Ganna. Ik ben laatst bij ze geweest in Barcelona, vanuit hun raam heb je uitzicht op de Sagrada Família. Daniël en Ganna zien me allebei als hun schoonmoeder en hun baby is dan toch ook een beetje mijn kleinkind. Zo kom ik mijn dagen door.'

'Als je had kunnen kiezen,' zeg ik, 'had je dan liever gehad dat John jou zou overleven, zodat je niet alleen achter was gebleven?'

'Nee, absoluut niet,' zegt Marjan stellig, 'want dan had ik hem achter moeten laten. Toen John overleed, was dat heel natuurlijk, heel organisch. Hij werd drieëntachtig, hij kreeg kanker en ging dood. We hadden nog tijd om van alles met elkaar te bespreken, dat was heel overzichtelijk. Dat ik nu alleen over ben is wel beangstigend. Dat er niemand voor me kan zorgen als er iets met me gebeurt. Stel je voor dat ik van de trap val en een heup breek, dan moet ik naar een zorghotel. Daar heb ik geen zin meer in. Geef me dan maar een pilletje om er vanaf te zijn. Wat dat betreft ben ik blij dat ik al heel oud ben. Ik heb zelfs wel eens een datum geprikt om ertussenuit te piepen. Maar toen werd ik uitgenodigd voor een bruiloft en daarna was er iemand jarig. Vervolgens werd ik door iemand gevraagd om mee op vakantie te gaan, dus dat pik ik dan ook maar even mee. Dan stel je het dus weer uit en dan ben je er zo veel jaar later nog steeds, zelfs jaren na het overlijden van je man. Maar de dood van je kinderen hakt er veel meer in, doordat het zo onnatuurlijk is om je kinderen te overleven.'

Merlijn stapelt de theekopjes op elkaar en brengt die naar de keuken. Ik zie zijn blik over de foto's glijden die hij passeert.

'Met wie ben je nu nog het meeste bezig?' vraagt Merlijn als hij stil blijft staan bij een foto van Bobbie en Frédérique.

'Met allebei de kinderen,' zegt Marjan als ze naast hem gaat staan. 'Het verschil is wel dat Frédérique vaker terugkeert doordat ze bekend was. Dan komt ze zomaar weer op televisie en dan hoor ik haar stem. Dan is ze er opeens weer.

Maar als bijvoorbeeld dat vriendje van Bobbie langs is geweest, dan is het toch ook alsof Bobbie er even was. Daar geniet ik dan van. Ik heb een heel mooi leven gehad, hoor. Stel je voor dat ik geen kinderen had gehad, dat is toch veel erger dan een kind verliezen? Ik had geen ander leven dan het mijne willen hebben, want het was *mijn* leven. Ik heb ook zo veel mooie dingen gehad en alles ging best van een leien dakje. Ik had alles wat mijn hartje begeerde, dus heb ik van heel veel dingen kunnen genieten. Vooral van mijn kinderen.'

Marjan neemt de theekopjes van Merlijn over.

'Je moet niet huilen om wat je kwijt bent, Merlijn. Je moet blij zijn om wat je hebt gehad.'

ZWELGEN

MERLIJN

Soms voel ik dat er iets uit moet, een onbestemd gevoel dat me dwars zit. Dat is vrijwel altijd verdriet om mijn vader, maar dat realiseer ik me pas sinds kort. Als dat onbestemde gevoel zich aandient weet ik nu dat ik me te lang heb gefocust op de dagelijkse dingen en dat ik te veel aan hem voorbij ben gegaan. Maar dat je geen aandacht schenkt aan je verdriet betekent niet dat het er niet is. Het verdriet bouwt zich toch ongemerkt op. Eerst tot kleine hoopjes waar je nog wel omheen kunt, maar op een gegeven moment is het zo'n grote berg geworden dat je geen andere keus hebt dan die te beklimmen. Daar zie ik dan verschrikkelijk tegen op, waardoor ik het nog wat langer uitstel, maar op een gegeven moment móét ik wel. Dan plan ik het zorgvuldig: ik zeg mijn afspraken af en zet mijn telefoon uit. Dan kijk ik naar zijn foto's of uit het raam en dan komen de tranen meestal vanzelf. Als dat niet lukt, luister ik naar zijn stem. Bewaar dus vooral de videootjes en *voice messages* die je in je telefoon hebt staan van overledenen. In het begin kan het heel onwerkelijk zijn om die te zien of horen, maar in de loop van de tijd zul je ze nodig gaan hebben om iemand weer heel dichtbij te halen. Ik heb de mazzel dat mijn vader ook een hoop liedjes heeft gezongen. Een van mijn favorieten is 'Ga niet weg', dat op

Spotify staat, omdat hij daarin het dichtst bij zichzelf lijkt te zijn.

Ga niet weg lieve schat, blijf bij mij
Ga niet weg, denk aan wat je ooit tegen me zei
Vertrouw op de liefde, vertrouw ons geluk
Heb geduld met ons, maak me nou niet stuk
Ga niet weg, ga niet weg

Ik zal je schilderen, ons huis van genot
Ik zal je schrijven, ons allermooiste plot
Ik zal voor je zingen, ik zal zingen over jou
Voor jou alleen, alleen voor jou

Ik zal voor je werken, ik zal wroeten in de grond
Voor jou, denkend aan jou, aan je warme zachte mond
Ik zal je geven, alles wat je wil
Je vraagt maar, het geeft niet, het maakt me geen verschil

Ik zal niet meer huilen, ik praat niet meer
Ik zal naar je kijken, hoe je lacht keer op keer
Ik zie je bewegen, je danst de kamer rond
En ik zal jouw schaduw zijn, je hand, je hond

Ga niet weg lieve schat, blijf bij mij
Ga niet weg, denk aan wat je ooit tegen me zei
Vertrouw op de liefde, vertrouw ons geluk
Heb geduld met ons, maak me nou niet stuk
Ga niet weg, ga niet weg

Na een uurtje huilen voel ik me opgeruimd en opgelucht. De foto's, zijn stem, het verdriet: het is allemaal verschrikkelijk om daarmee geconfronteerd te worden. Maar het is noodzakelijk om dóór te kunnen.

ISA

Advies nummer één als je zin hebt om lekker te zwelgen: drink! Trek een fles wijn open en kruip op de bank met alles dat je kan helpen om heerlijk te grienen. Pak spullen waar iemands geurtje aan zit, kijk naar foto's of probeer je voor te stellen dat iemand tegen je aan ligt of je lekker vasthoudt. Dat gaat allemaal een stuk makkelijker met een glaasje op, dus neem ruim. *Fuck it!* Het toegeven aan de liefde die je voor iemand voelt, kan je ook helpen om eventuele boosheid of onmacht over het overlijden naar de achtergrond te duwen. Ik heb wel eens mijn momenten gehad, vooral omdat hij er – vond ik – vandoor was gegaan en ik er daardoor alleen voor stond.

'Jij was toch degene die zo graag kinderen wilde?' dacht ik dan. 'Waar ben je nu dan?'

Er waren momenten dat ik niet boos was omdat hij weg was, maar omdat hij zo leuk was. 'Ik ben lang niet zo'n leuke ouder als jij en nu moeten de kinderen het met mij doen!'

Maar zulke gedachten helpen je niet verder, dan kun je beter een fles wijn opentrekken en lekker huilen om wie iemand is geweest, niet omdat-ie dood is gegaan. En ik kan je verklappen: als je dat hebt gedaan, dan is diegene er weer. Hij of zij loopt dan weer een beetje met je mee, althans, zo voelt het. En dat is al fijn genoeg, toch?

PRIVACY

ISA

Als iemand nog leeft, ga je niet in iemands telefoon zitten neuzen of een laptop doorspitten. Mag je dat dan wel doen als iemand dood is? Mijn antwoord daarop is: nee. De telefoon van Antonie ging nog wel eens over toen hij al overleden was, dan wilden mensen zijn stem op zijn voicemail nog even horen. Ik schrok me dan een hoedje, dus op een gegeven moment heb ik die telefoon toch maar uitgezet en in een la gelegd. Zonder erin te kijken. Wat mensen hem stuurden, zijn immers mijn zaken niet. Wat hij naar die mensen stuurde, stuurde hij niet naar mij dus dan is het ook niet aan mij om dat te lezen. Je hoort wel eens dat binnen relaties telefoons worden gecontroleerd en dat onschuldig bedoelde berichtjes heel anders geïnterpreteerd worden. Het fijne aan een levende partner is dat-ie dat dan aan je uit kan leggen. Maar wat moet je als je zorgwekkende berichtjes tegenkomt in de telefoon van een reeds overleden geliefde? De kans is groot dat die hartstikke onschuldig zijn, maar de context kan niet meer geduid worden. Blijf daar dus van weg, ga mooie herinneringen aan een mooie liefde niet bezoedelen met zaken die er hoogstwaarschijnlijk niets mee te maken hebben. Het enige wat ik ooit heb gecheckt in Antonies zoekgeschiedenis op zijn laptop was of hij had gezocht naar manieren om uit het leven te stappen, dat zou immers duiden op voorbedachte rade. Dat had hij twee dagen voor zijn dood toevallig nog gedaan, dus kon ik meteen stoppen met zoeken. Wat hij nog meer deed op zijn laptop hoef ik niet te weten namelijk. Als het belangrijk was geweest had hij me dat wel verteld.

Bespaar jezelf dus kopzorgen en koester het leven dat je met iemand gedeeld hebt: dat die persoon daarbuiten ook contact heeft gehad met andere mensen of interesses had die jij misschien niet kunt begrijpen, doet niets af aan de liefde of de vriendschap die jullie hadden, laat staan dat je er op onzekere momenten iets achter gaat zoeken. Koester dus lekker de foto's en berichtjes die in je eigen telefoon of laptop staan.

SCHOONFAMILIE

ISA

Mensen denken soms dat ik een nieuwe liefde heb als ik het over mijn schoonmoeder heb. Maar ik bedoel dan nog steeds de moeder van Antonie. Ik denk dat ze dat ook altijd zal blijven, ongeacht wat er in mijn leven nog gaat gebeuren. Sterker nog, sinds de dood van Antonie is mijn schoonfamilie alleen maar nóg meer familie van me geworden. Als mijn zwager belt, belt hij écht voor mij en niet meer voor hem. Met mijn schoonzusje ben ik in het begin wekelijks gaan sporten. Met zijn moeder heb ik veel vaker een op een contact dan daarvoor. Sinds een paar jaar zijn mijn schoonmoeder en ik zelfs nog iets hechter geworden: ook háár man overleed. Daardoor weet ze nu ineens hoe het voor mij al die tijd geweest is: als je partner wegvalt, wordt het toch wel heel stil in huis en sta je er helemaal alleen voor. Waren we eerst schoonmoeder en schoondochter, nu zijn we ook allebei weduwe. Onze connectie is daardoor nog sterker.

Hoewel zo'n warm contact heel fijn is – een schoonfamilie die als een warm bad fungeert, koester dat vooral – kan het ook confronterend zijn. Niet alleen omdat ze qua uiterlijk op jouw geliefde lijken, en je daar op onverwachte momenten zelfs van kunt schrikken, maar omdat de overledene dan ook constant in het midden van die groep staat. Alweer een gesprek, nog een herinnering. Of zelfs een toekomstvisioen: als ik nu de broer van Antonie zie, vraag ik me steeds af of Antonie ook op die manier oud was geworden. Hoe zou hij eruit hebben gezien als vijftiger? De laatste keer dat ik hem zag was hij immers nog begin veertig.

Door mijn eigen onzekerheid over mijn positie aan de kouwe kant kan ik mezelf toch ook wel eens dwarszitten. Laatst gaven mijn schoonzusje Liesbeth en haar man een feestje thuis en ik was niet uitgenodigd. Ik gaf schoorvoetend aan dat ik dat wel jammer vond.

'Moeten we je dan nog uitnodigen?' vroegen ze. 'Je komt toch gewoon?!'

En zo werkt het inderdaad bij echte familie. Schoon of niet.

MERLIJN

Die onzekerheid herken ik wel. Mijn oom Frans, de man van Liesbeth, heeft me na het overlijden van mijn vader heel vaak opgezocht. Waar andere familieleden vaak over mijn vader spraken en steeds weer vertelden hoeveel ik op hem lijk en dat ik dingen zeg die hij ook gezegd zou hebben, praatte Frans vooral over andere dingen. Over boksen, zijn houtzagerij, uitgaan, feestjes, dingen die we samen zouden kunnen ondernemen. Ik vind het altijd superfijn om hem te zien, maar het kwam heel lang niet bij me op om hem uit mezelf te bellen of hem een berichtje te sturen. Ik dacht dat onze ontmoetingen en etentjes vooral leuk waren voor mij, dat hij dat dus ook vooral voor mij deed. Totdat hij zei: 'De volgende keer bel je mij, oké? Dat kan gewoon, dat vind ik namelijk leuk!' Sinds dat moment bel ik hem regelmatig. En altijd vindt hij het leuk om af te spreken.

EEN PLEK OM TE BEZOEKEN

ISA

Een graf kan een heel fijne plek zijn om te bezoeken, maar het is niet zo dat ik er van mezelf elk jaar naartoe moet of dat ik er om de zoveel tijd de bloemetjes moet verzorgen. Ik ga erheen als ik me goed voel en als het een mooie dag is, want dan vind ik het daar vanzelf ook prettig. Als ik me verdrietig voel of als het regent, dan voelt die plek naargeestig. Want ook al weet ik dat het maar een graf is en dat het niet per se veel met hem te maken heeft, toch is het er beladen. Het is namelijk de plek waar ik definitief afscheid van hem heb moeten nemen, waar ik hem op de dag van de uitvaart achter heb moeten laten. Daarna ging ik door, maar hij is daar nog. Dat kan me nog wel somber stemmen. Vroeger had ik daar overigens meer last van dan nu; een paar jaar geleden kon ik me echt naar voelen als ik aan Zorgvlied dacht, maar dat heb ik nu een stuk minder.

Op bijzondere dagen – zijn verjaardag en sterfdag – is het er vaak wat drukker dan normaal. Dan kom ik bijvoorbeeld zijn broer tegen bij het graf of dan is zijn moeder er het onkruid aan het wieden. Het kan dan zomaar gebeuren dat er flessen wijn opengaan en dat we op een gegeven moment met een hele groep rond het graf zitten te borrelen. Dan zitten we op de grond of op omringende grafstenen en dan kletsen we en lachen we. Somber dat we hem daarna weer moeten achterlaten zijn we vrijwel nooit.

'Daar heeft hij zelf voor gekozen, toch?' zegt Merlijn dan. 'Als hij zo graag onder de grond wil liggen, moet hij dat lekker doen.'

Daar lachen we dan ook maar om, want zo is het helaas wel. Toch hebben we zelfs op mooie dagen meer redenen om niet naar de begraafplaats te gaan dan wel. Er is namelijk altijd wel een excuus om iets anders te doen, iets waar je echt niet onderuit kan. Stiekem weet je heus wel dat je dat jezelf wijsmaakt, dat je gewoon even geen zin hebt om je tussen al die duizenden doden te begeven om gewoon even een geliefde te begroeten. Ga dan vooral naar een andere plek die aan hem of haar doet denken. Ik ga zelf altijd het liefst naar de zee, vooral omdat Antonie daar altijd zo gek op was. Een zee kan het leven en je zorgen namelijk weer even in perspectief plaatsen, de zee laat je zien hoe nietig je bent. Toen Antonie een tijdje in het Circustheater in Scheveningen optrad ging hij in de middag al die kant op. Dan kon hij nog even naar de zee kijken. Nu hij alweer een hele tijd onder de grond ligt, heb ik dat stokje van hem overgenomen. Nu staar ik namens hem naar de zee en plaats zo alles weer even in perspectief.

Fragment uit *De dingen die je vergeet* van Gijs van der Sanden (uitgeverij Ambo|Anthos, 2021):

Mijn ouders liggen begraven aan de rand van het dorp, niet ver van de Belgische grens en vlak bij een natuurgebied waar ze graag wandelden. Een mooie plek in het groen. Ik kom er twee, hooguit drie keer per jaar – en altijd is mijn bezoek vervuld met een sluimerend schuldgevoel. Hetzelfde gevoel van tekortschieten dat me wel eens kon treffen als ik na lange tijd weer op bezoek ging bij mijn oma's, die ik – vond ik zelf – te weinig zag toen ik eenmaal op kamers was gegaan.

Er is altijd wel een reden om niet naar het graf van mijn ouders te gaan: het is te warm, het is te koud, het regent, het is veel te lekker weer, ik ben net zo vrolijk, ik ben al zo slecht gehumeurd, het is zo ver lopen, het is zo ver fietsen, ik heb geen auto, enzovoorts.

Los van alle praktische obstakels is het ook een vorm van vermijding, denk ik, dat ik het graf van mijn ouders zo weinig bezoek. Het is nooit helemaal gaan wennen: die marmeren steen met hun namen erop. Het maakt ze zo ontzettend... dood.

Uiteindelijk valt het altijd mee. Dan maken mijn zussen en ik samen het graf schoon, zetten een mand met bolchrysanten of narcissen neer – afhankelijk van het seizoen – en glimlachen even om het graf direct naast dat van mijn ouders in de vorm van een wenende zeemeermin ('Heeft je vader weer,' zei mijn moeder eens besmuikt toen alleen papa er nog lag.)

Als alles er weer netjes uitziet, lopen we even langs het graf van onze opa en oma, die op dezelfde begraafplaats liggen. Daarna is het wel weer mooi geweest.

Voor iemand die bekend is met verlies en rouw, blijf ik erg onwennig met de dood zelf – en de rituelen en gebruiken die ermee gepaard gaan. Ik heb als agnost weinig middelen tot mijn beschikking waarmee ik het gedenken van mijn ouders naar een hoger niveau kan tillen.

'De mens is een ongeneeslijk ritueel wezen,' zei emeritus hoogleraar Ritual Studies Paul Post eens tegen me toen ik hem interviewde voor een stuk in *Algemeen Dagblad* over het belang van rituelen. We kunnen niet zonder.

De ontkerkelijking heeft die behoefte aan rituelen niet de das om gedaan, zoals wel eens wordt verondersteld, vertelde hij me. Integendeel, het heeft de behoefte alleen maar groter gemaakt. De opleving van Allerzielen, programma's als *Joris' kerstboom*, het geklap voor het zorgpersoneel aan het begin van de coronacrisis – het zijn daar allemaal voorbeelden van. Het zijn momenten waarop we voor even kunnen ontstijgen aan het alledaagse.

Toch vind ik mijn arsenaal aan rouwrituelen zelf nogal gebrekkig. Af en toe steek ik een kaarsje aan bij de trouwfoto van mijn ouders. Dat doe ik ook als ik in het buitenland een kerk of kathedraal bezoek. Het zal mijn Brabantse inborst wel zijn. Maar het blijft altijd een beetje onbeholpen, alsof ik het vooral voor de vorm doe.

Met verwondering keek ik een tijd terug naar een aflevering van het VPRO-programma *Last Days*, waarin de Vlaamse fotografe Lieve Blancquaert de wereld over reist en vastlegt hoe rituelen rondom rouw en de dood per land en per cultuur verschillen.

In de betreffende aflevering reist Blancquaert af naar de Torajastam op het Indonesische eiland Sulawesi. In tegenstelling tot de meeste westerse landen, waar de doden zo snel mogelijk aan het zicht onttrokken worden, leven ze hier met hun dode dierbaren samen – letterlijk.

Soms blijven de doden nog maanden- of jarenlang na hun overlijden thuis, omdat de nabestaanden sparen voor hun begrafenis, die wordt beschouwd als de belangrijkste gebeurtenis uit iemands leven. Zolang de doden nog niet begraven zijn, worden ze behandeld alsof ze leven: er wordt met ze gepraat en ze krijgen drie keer per dag te eten in de vorm van een offer. Om de drie jaar, tijdens een speciaal festival, worden de doden uit hun graven opgegraven. Hun lichamen worden gewassen. Ze krijgen nieuwe kleren aan. Familieleden gaan met ze op de foto. Ze houden een telefoon tegen hun oor, een sigaret voor hun mond.

'We blijven van onze doden houden en voor ze zorgen, zelfs als er alleen botten overblijven,' vertelt de leider van de ceremonie.

Vanuit een westers gezichtspunt is het wat ongemakkelijk om naar te kijken, hoe de families lachend op de foto gaan met hun verschrompelde vader en moeder. En toch benijd ik de Torajanen ergens wel. Net zoals ik met afgunst kijk naar hoe in Mexico *Día de Muertos* wordt gevierd, de jaarlijkse dag waarop de doden terugkeren naar de aarde. Het is de vertrouwdheid met de dood waar ik bewondering voor heb, de manier waarop ze hun doden in ere weten te houden en in hun dagelijkse leven weten te betrekken.

FEESTDAGEN

ISA

Als een berg zul je op gaan zien tegen de eerste feestdagen zonder een geliefd familie- of gezinslid. Mijn ervaring: het wordt nog veel erger, dus het heeft geen enkele zin om erover te piekeren. Onderga die dagen gewoon. Ja, het is verschrikkelijk verdrietig dat er voor het eerst geen sinterklaasgedicht van zijn of haar hand zal zijn. Dat er geen paaseitjes zijn verstopt en dat jij daar niet aan hebt gedacht. Dat de kerstliedjes precies hetzelfde klinken als de voorgaande jaren, maar dat alles nu anders voelt. Maar een groot voordeel van die eerste feestdagen zonder hem of haar, is dat het de eerste fééstdagen zijn zonder hem of haar. Daardoor staan vrienden en familie er massaal bij stil en is de liefde en de gezamenlijke pijn rond het gemis veel intenser voelbaar. Het jaar daarna is het immers alweer de tweede keer, dan lijken de meeste mensen er al aan gewend dat degene die jij zo mist er niet meer is. Want het leven is ondertussen snoeihard doorgegaan. Een leven waarin van maandag tot en met vrijdag gewoon gewerkt moet worden, kinderen naar school moeten worden gebracht en elke avond eten op tafel moet worden gezet. Op die dagen, zul je merken, heb je het vaker veel zwaarder dan tijdens de feestdagen. Want op die normale dagen wordt er niet gezellig op de overledene geproost, dan worden er geen dronken herinneringen opgehaald en valt diens naam veel minder vaak. Meestal zelfs nooit. Dan betrap je jezelf erop – meestal op een heel gewone donkere dinsdag waarop er geen kaarsen branden en er ook geen kerstboom staat – dat je in je eentje op de bank iemands naam uitspreekt. Gewoon, omdat je die al zo lang niet gehoord hebt. Dan denk je met weemoed terug aan die eerste feestdagen na het overlijden, waarbij er naar hartenlust getreurd en getroost mocht worden. Maar ik beloof je: na een tijdje – en geef dat tijdje een paar jaar – dan zijn de feestdagen toch weer de feestdagen. Dan vind je het toch gewoon weer gezellig, geniet je toch weer van een kerstfilm, word je niet meer kwaad op Mariah Carey en besef je ineens hoe fijn het is dat de mensen om je heen er nog zijn in plaats van te treuren om die één of twee mensen die het niet gered hebben. En dat is toch waar de feestdagen om draaien: het vieren van het leven in plaats van treuren om de dood. Want dat doe je de rest van het jaar al.

OP BEZOEK BIJ

Humberto Tan

Hij verloor moeder Hilly en broers Steve en Patrice

MERLIJN

Humberto Tan woont vlak bij Zorgvlied, waardoor hij en mijn vader dezelfde straatnaam delen. Maar er zijn meer overeenkomsten. We verloren allebei een ouder – hij een moeder, ik een vader – op dezelfde datum: 6 oktober. Mijn moeder en zijn oudste dochter hebben dezelfde naam, Isa, ik kom haar wel eens tegen tijdens het uitgaan en ik volg haar op Instagram. Ik volg Humberto daar ook. Zijn positiviteit en zijn enthousiasme vrolijken me op, inspireren me zelfs. Er zijn dagen dat ik futloos op de bank hang en op mijn telefoon zie wat Humberto ondertussen aan het doen is: hardlopen, fotograferen of dansen. Dan dwing ik mezelf van de bank af te komen en vanaf dat moment wordt mijn dag meestal leuker. Toch begrijp ik vaak niet hoe Humberto zo positief in het leven is blijven staan na de dingen die hem overkomen zijn. Ik hoorde hem laatst op televisie zeggen dat zijn broer is overleden aan de gevolgen van aids. Van mijn moeder hoorde ik dat ook zijn andere broer dood is en dat hij in diezelfde periode zijn moeder verloor. Maar wat er precies gebeurde weet ik niet.

Ik zeg tegen mijn moeder dat ik wel bij hem langs zou willen gaan. Misschien dat hij me iets kan leren over de dagen waarop ik liever op de bank blijf liggen, over de momenten dat het me niet lukt om te hardlopen of dansen. Hoe krijgt hij dat wel steeds voor elkaar? Ik stuur hem een berichtje en vraag of hij tijd voor ons heeft. Hij reageert direct.

'Tuurlijk!' zegt hij. 'Wanneer?'

Als hij voor ons opendoet excuseert hij zich voor alle dozen die in de gang staan, ze zijn zojuist bezorgd voor zijn jongste dochter Julia.

'Ze is influencer tegenwoordig,' zegt Humberto, 'dus er worden aan de lopende band pakketjes bezorgd door fabrikanten die hopen dat ze iets over hun producten zal zeggen op haar kanaal.'

Ik pak mijn telefoon terwijl Humberto in de open keuken theezet en open Instagram. Julia heeft bijna vijftigduizend volgers, zie ik, en noemt zichzelf een 'walking jukebox'. Ik zie foto's van Julia in de zon en in musea en met sneakers die ze promoot. Als ik opkijk zie ik ze ook aan de voeten van haar vader. Ik ben geen expert op het gebied van sociale media, maar ik snap wel dat Julia er populair is: alles wat ze post ziet er supermooi uit.

'Julia verdient een stuk beter dan ik op haar leeftijd,' zegt Humberto. 'Ik woonde toen nog in een flat in de Bijlmer en was lang niet zo succesvol.'

Ik kijk om me heen. In vijfendertig jaar van een flat in de Bijlmer naar een groot en prachtig huis aan de Amstel. Ik ben blij dat ik gisteravond vroeg naar bed ben gegaan, want ik wil alles horen wat Humberto te vertellen heeft.

Ik vertel Humberto over het boek dat we schrijven. En dat ik hem op televisie iets hoorde zeggen over zijn overleden broer.

'Ik weet eigenlijk niet veel van wat jou en je familie is overkomen,' zeg ik. 'Maar ik denk dat het heftig moet zijn geweest en dat vind ik moeilijk te rijmen met hoe je in het leven staat. Zo positief altijd en zo vrolijk, dat lukt mij een stuk minder goed.'

'Het gaat wel goed met jou, toch?' vraagt Humberto. 'Die indruk heb ik, dat je wat stabieler in het leven staat sinds je naar je vader bent gaan omkijken door een boek over hem te schrijven. Dat klopt toch?'

'Ja,' zeg ik, 'al kan ik het soms nog wel heel zwaar hebben. Maar ik ga minder op de vlucht. Voorheen ging ik drinken en drugs gebruiken, nu laat ik het verdriet meer toe. Ik vraag me af – of ik hoop het eigenlijk – dat jij ook door zulke diepe dalen bent gegaan. Dat zou betekenen dat ik later ook net zo vrolijk door het leven kan gaan als jij.'

'Ik verloor twee keer een broer en tussendoor mijn moeder,' zegt Humberto als hij me een kop thee aangeeft. 'Maar ik ben er nooit van gaan drinken en heb ook nooit naar drugs gegrepen. Ik was zevenentwintig toen ik voor het eerst een groot verlies meemaakte, mijn oudere broer Patrice overleed toen. Hij was vijf jaar ouder dan ik, mijn rolmodel en mijn beste vriend. Hij kreeg aids en daar waren destijds nog geen medicijnen voor. Toen hij overleed, was dat verschrikkelijk, maar vluchtgedrag heb ik nooit vertoond. Ik sla juist heel erg naar binnen. Ik bleef thuis, ik ging zelfs niet meer dansen. Terwijl ik altijd danste, het liefst met Patrice. Dan leende ik zijn kleren en zijn schoenen – al waren die maat 44 terwijl ik maat 40 had – ik wilde gewoon per se dansen op zijn schoenen. Dat ik er op de dansvloer uitzag als een halve pipo interesseerde me niet: ik wilde gewoon net zo cool zijn als hij. Ik vond hem stoer en knap en slim en energiek en modieus. Allemaal dingen die ik niet was, dus ik wilde zo vaak mogelijk bij hem zijn.

Toen Patrice overleed kon dat niet meer. Ik viel stil. Op mijn werk – ik had toen al een contract bij de televisie – meldde ik me voor onbepaalde tijd af. Ik wist dat ik aan mezelf moest denken. Dat duurde drie weken. Dat viel me nog mee, want ik dacht dat ik langer uit de roulatie zou zijn. Dat verschilt natuurlijk bij iedereen en je moet jezelf die tijd ook echt gunnen: pak niet te snel je leven weer op als de dood je nog te veel dwarszit, want uiteindelijk kom je jezelf en je pijn dan snoeihard tegen. In die drie weken heb ik niks gedaan. Muziek geluisterd, veel gehuild, naar m'n moeder gegaan, niks zeggen, veel zeggen, op de bank gelegen, elke middag naar *Oprah* gekeken. De persoonlijke gesprekken die ze met mensen voerde, ervaarde ik als heel troostend.'

'Ben je met iemand gaan praten?' vraag ik.

'Met een therapeut, bedoel je? Nee. Want ik accepteerde de pijn en stond ervoor open. Ik liet het toe. Als ik niet verdrietig was geweest of als ik had gemerkt dat ik mezelf aan het verdoven was met alcohol of drugs, dan had ik aan de bel getrokken. Dan had ik het wel nodig gevonden om er met een professional over te praten. Maar dat hoefde niet: ik pakte de pijn en praatte erover met de mensen om me heen. Daardoor kon ik misschien eerder voluit gaan leven dan dat jij dat kon, omdat jij voor je verdriet wegdook. Je bent er inmiddels zelf ook wel achter dat dat niet de manier is, dat je het dan als een boemerang terug in je gezicht krijgt. Ik ben het verdriet nooit uit de weg gegaan en ik heb het nooit onderschat.'

Humberto begint te lachen. Mijn moeder en ik lachen automatisch mee, al hebben we geen idee waar het over gaat.

'Eén keer heb ik het wel onderschat,' zegt hij. 'Toen was mijn hond overleden. Iemand reed hem dood toen ik hem uitliet. Die avond presenteerde ik gewoon *RTL Late Night*, maar dat was een enorme vergissing. De rouw om mijn hond was haast net zo erg als om mijn broer. Maar dat wist ik die eerste dag nog niet. De hoofdredacteur bood nog aan om een vervangende presentator te regelen, maar daar wilde ik niet aan. "Het is maar een hond hoor," zei ik tegen hem en vooral tegen mezelf. Maar dat was natuurlijk niet zo, het was Billy. Mijn maatje die er altijd voor me was. Ik heb hem opgevoed en zindelijk gemaakt, ik heb elke dag met hem gewandeld en gespeeld en getraind. En ineens was hij er niet meer. Hij werd van achteren geraakt door een auto. Die reed niet eens hard, het was werkelijk niemands fout. Billy lag op de weg en had heel veel pijn, dus ik hield mijn hand op hem zodat hij wist dat ik er was. Ik belde de dierenambulance, maar die kwam maar niet. Toen kwam mijn vrouw met onze auto naar die plek gereden. We legden hem op een deur en schoven hem de auto in. Het was de auto waarmee we hem als pup hadden opgehaald in Zweden. Toen hij opnieuw in die auto lag, tilde hij zijn kop op en keek me aan. Dat had hij de drie kwartier daarvoor niet gedaan. Vervolgens liet hij zijn kop zakken en was hij dood. Het was alsof hij die oude auto weer rook, zijn plekje waar hij als pup ook lag, en wist dat hij kon sterven. Ik wilde naar de dierenarts, ik wilde dat hij gereanimeerd werd, dat hij terugkwam. Maar het was te laat. Ik vermande mezelf omdat ik moest werken, waardoor ik als een zombie in de studio zat 's avonds. Alles ging langs me heen. Heel veel dingen van die dag weet ik niet meer.'

'Je had gewoon naar je gevoel moeten luisteren dus,' zeg ik.

'Absoluut, want zijn dood hakte er ontzettend in. Het is nu bijna vijf jaar geleden en ik kan nog steeds niet met droge ogen naar zijn foto kijken.'

'Ik zie hier nu geen hond,' zegt m'n moeder.

'Nee, want ik wil dit nooit meer voelen of meemaken. Een hond wordt gemiddeld twaalf jaar, dat betekent hoogstwaarschijnlijk dat ik de volgende ook ga verliezen. Waarom zou ik dat op gaan zoeken? Het is natuurlijk een hele gekke gedachte. Het zou hetzelfde zijn als dat jij, Isa, geen partner meer wil omdat je na Antonie bang bent die nieuwe man ook te verliezen.'

Ik glimlach en kijk naar mijn moeder. Waarschijnlijk denken we alle drie hetzelfde, al beseft Humberto het iets later: mijn moeder heeft ruim tien jaar na de dood van mijn vader nog steeds geen nieuwe partner, net zoals hij geen nieuwe hond heeft.

'Nou ja,' zegt mijn moeder, 'dat is misschien wel vergelijkbaar. Het zou er inderdaad mee te maken kunnen hebben dat ik zoiets niet nog een keer mee wil maken.'

'Dat kan,' zegt Humberto nuchter, 'dat is wat een hond betreft voor mij heel duidelijk: ik kan het niet aan.'

Humberto wenkt ons om mee te lopen naar de zitkamer. We gaan bij de open haard zitten en kijken uit over de tuin. Humberto zit tegenover ons en roert in zijn thee. Ik kijk naar zijn huid en bewonder zijn frisse blik. Humberto is iemand die niet ouder lijkt te worden. Ik kan me zelfs niet voorstellen dat hij wel eens ziek is of zich niet lekker voelt. Op YouTube zag ik eens een video van zijn broer Patrice, die straalt eenzelfde energie uit als Humberto. Het is de video van het nummer 'Someone Loves You Honey' met zangeres June Lodge. Patrice danst om haar heen en gebruikt daar zijn hele lijf bij. Met dezelfde motoriek als Humberto. Maar ook met veel meer haar.

'Hoe verliep de ziekte van Patrice?' vraag ik.

'Twee jaar nadat mijn broer hoorde dat hij aids had, overleed hij,' zegt Humberto. 'Tweeëndertig was hij pas. Vooral de laatste drie maanden was hij er slecht aan toe. Zijn vriend Fons was purser, dus die was veel op reis. Ik bleef dan bij Patrice slapen en kroop bij hem in bed om hem vast te kunnen houden. Vooral die laatste weken was hij heel onrustig in de nacht. Ik denk omdat de nachten zo stil zijn, dan slaat de paniek toe. Kijk, overdag is er constant afleiding: mensen om je heen, gesprekken die je voert, films die je kijkt. Maar 's nachts lig je in de stilte, in het donker, wetende dat je einde nadert. Nachten kunnen dan meedogenloos zijn. Ik legde dan een arm of een hand op hem, zodat hij wist dat ik er was. We keken samen films en we luisterden muziek. Ik kocht veel cd's in die tijd en uit een winkelrek trok ik eens een *greatest hits*-album van James Taylor, een countryzanger. Eén van de liedjes draaide ik toen veel met Patrice, 'Carolina In My Mind'. We luisterden er samen naar omdat het nummer over ons leek te gaan, over de reizen die we samen nog wilden maken, de dingen die we wilden doen. We gingen namelijk ook veel op vakantie met elkaar, Patrice en Fons namen me mee. Op mijn zestiende of zeventiende lag ik met ze op homostranden, en dat was fantastisch. Nog steeds draai ik die plaat van James Taylor en dan denk ik daaraan. Vlak voor zijn dood verscheen ook het album *Listen Without Prejudice* van George Michael, die is bloedstollend mooi.'

Met zijn telefoon zet Humberto de plaat op via de speakers. In stilte luisteren we ernaar. Volgens mij gaat de tekst niet zozeer over de dood, maar ik snap dat het muziek is die je melancholisch kan stemmen.

These are the days of the open hand
They will not be the last
Look around now
These are the days of the beggars and the choosers

This is the year of the hungry man
Whose place is in the past
Hand in hand with ignorance
And legitimate excuses

'Hoezeer we hem ook wilden helpen en steunen,' zegt Humberto halverwege het liedje, 'uiteindelijk moest hij het toch allemaal alleen doen. Hij zei eens: "Het voelt alsof ik in drijfzand lig, want ik weet dat ik doodga. Ondertussen gooien jullie allemaal touwen naar me toe, maar ik kan ze niet pakken." Eten ging niet meer goed, hij verloor zijn smaak door de schimmels in zijn mond. Hij werd heel dun, maar doordat ik hem zo vaak zag, viel me dat niet op. Pas toen hij dood was, zag ik het op de foto's. Graatmager was hij. Toen hij voor de zoveelste keer in het ziekenhuis lag en er crepeerde van de pijn, werd er door de artsen voorgesteld om hem morfine te geven. Hij was echter zo zwak dat er een kans bestond dat hij dat niet zou overleven, maar hij had te veel pijn om hem die morfine te onthouden. Dus gaven we er toestemming voor, in overleg met Fons.'

Humberto valt even stil, waardoor ik nu pas hoor dat George Michael nog steeds aan het zingen is.

It's hard to love
There's so much to hate
Hanging on to hope
When there is no hope to speak of

Misschien gaat het liedje toch over de dood, bedenk ik me.

'De volgende ochtend werd ik heel vroeg gebeld dat hij het niet ging redden.'

'Was je op tijd?' vraagt mijn moeder.

'Nee, hij was niet meer aanspreekbaar. De dag ervoor ook al niet. Ik overwoog zelfs nog om rustig te gaan douchen voordat ik naar het ziekenhuis zou gaan, vanbinnen wist ik waarschijnlijk wel dat ik hem toch niet meer levend zou gaan zien.'

'En toen begon het,' zegt mijn moeder, 'je eerste rouwproces. Heb je je daarop voor kunnen bereiden omdat je al zo lang wist dat hij dood zou gaan?'

'Nee, op geen enkele manier. Maar door bepaalde tradities in de Surinaamse cultuur was het de eerste weken wel draaglijk. Er wordt heel erg gezamenlijk gerouwd, waardoor het je haast wordt afgedwongen om het verdriet aan te gaan. Om het te beseffen, te huilen, te rouwen, maar ook om iemands leven te vieren. Het leven in het algemeen te vieren. In de aanloop naar de uitvaart komt iedereen elke avond bij elkaar. Er wordt gekookt en gegeten, er wordt gezongen en gebeden. Zelf ben ik niet gelovig, maar ik zie dan wel dat het geloof troost geeft en dat is heel mooi om te zien. Ook de lijkwassing wordt gezamenlijk gedaan, we hebben als familie het lichaam van Patrice gewassen en aangekleed. Ook daar wordt weer bij gezongen. Nederlandse uitvaartondernemingen plannen Surinaamse lijkwassingen daarom altijd aan het einde van de dag, omdat het steeds zo ontzettend uitloopt.'

Humberto, mijn moeder en ik lachen hard. Zelfs als Humberto over de dood praat, word ik vrolijk van hem.

'Wat er mooi is aan die collectieve rouw,' vervolgt hij, 'is dat je een groot deel van je verdriet al in die eerste dagen kwijt kan. Daardoor zit je er tijdens de uitvaart veel rustiger bij. De verwerking is namelijk al begonnen, terwijl die in de Nederlandse cultuur pas vaak na de uitvaart op gang begint te komen. En dan moet je het vooral zelf gaan doen. Een Surinaamse traditie is bijvoorbeeld ook dat er zes weken na de uitvaart opnieuw een bijeenkomst plaatsvindt. Tijdens deze *siksi wiki* wordt er opnieuw uitbundig gezongen en gegeten, dan zoekt iedereen weer even steun bij elkaar.'

'Maar toch,' zeg ik, 'moet je het zelf doen. Toch? Het verdriet kan voor de een heel anders zijn dan voor een ander.'

Humberto is even stil. 'Dat is waar. Je bent er voor elkaar, maar het lukte me niet goed om me in het verdriet van mijn moeder te verplaatsen. Ik was pas zevenentwintig en ik miste mijn grote broer, maar zij had net haar kind verloren. Dat liep heel erg scheef, hoe hard we ook probeerden om dezelfde kant op te rouwen. Mijn moeder heeft altijd gezegd dat het zo veel pijn doet om een kind te verliezen dat ze vastberaden was om niet twee kinderen te zullen begraven. Toch leek dat te gaan gebeuren, want bij mijn andere broer Steve werd een hersentumor aangetroffen. Dat werd een nog langere lijdensweg dan bij Patrice, Steve werd zelfs zo ziek dat er een been geamputeerd moest worden. Pas zeven jaar nadat de hersentumor werd ontdekt, overleed hij. Het verdriet om zijn naderende dood was bijna niet vol te houden, vooral voor mijn moeder niet. Ze overleed aan een hartaanval, een half jaar voor de dood van Steve. Ze had een gebroken hart, daar ben ik van overtuigd. Want dat bestaat echt, er zijn zelfs wetenschappelijke artikelen over geschreven.'

Humberto staat op en vraagt of we nog thee willen. Als hij terugloopt naar de keuken pak ik mijn telefoon. Ik typ 'gebroken hart' in op Google. Er verschijnen websites met de tekst ‘Een gebroken hart: het bestaat echt!’. Het wordt zelfs gezegd door de website van een ziekenhuis in Amsterdam. Ergens anders lees ik:

> *Het gebroken-hartsyndroom is een aandoening aan het hart die vrijwel alleen vrouwen treft. Het syndroom treedt meestal op na een zeer stressvolle situatie: bijvoorbeeld het verlies van een dierbare. In periodes van stress moeten de vaten breder worden om ervoor te zorgen dat er meer bloed door de aderen stroomt. Maar bij de mensen met het gebroken-hartsyndroom worden de vaten juist smaller. De bloedtoevoer naar het hart wordt dus minder.*

Humberto zet twee koppen thee voor ons neer en gaat weer zitten.

‘Ik zie nergens foto’s van je moeder en je broers,’ zegt mijn moeder nadat ze me gebaart mijn telefoon weg te leggen.

‘Op mijn werkkamer hangt een grote foto van Patrice. Van mijn moeder heb ik een kettinkje, van mijn broer Steve een horloge. Die draag ik niet, het ligt in een la. Ik heb nog een jas van Patrice, die hangt boven in de kast. Ik draag hem nooit, want hij is helemaal kapot en gescheurd. Heel lang zat zijn geur nog aan en in die jas. Inmiddels is die geur eruit, maar dat is niet erg. Het vervliegen van die geur staat namelijk symbool voor het verdoffen van de pijn. En die pijn is hels, want een overledene komt niet meer terug. Maar die pijn, die hele scherpe pijn, neemt op den duur af. Die zit steeds minder aan de oppervlakte. Verdwijnen doet-ie nooit, maar ook dat is niet erg. Die pijn kan soms zelfs wel lekker zijn: dan doe je jezelf geweld aan met muziek of met foto’s. Dan is het heerlijk om even te huilen, om in die wond te wrijven. Zoals het ook lekker kan zijn om een kruisje in een muggenbult te zetten of een puistje uit te knijpen: je weet dat het pijn gaat doen, maar je weet ook dat die pijn even nodig is. Zodra je die doorstaan hebt, verdwijnt het weer even naar de achtergrond. Dan kun je weer door.'

Ik besef dat ik dat sinds kort allemaal aan het doen ben: momenten kiezen om de pijn toe te laten. Er niet meer voor weg te rennen, je kunt je er alleen maar aan overgeven. Daarna voel ik me weer beter. Het is als overgeven als je ziek of dronken bent: op het moment dat je naar een steeg of de wc rent, weet je dat het verschrikkelijk wordt. Maar je weet ook dat het nodig is om alles eruit te gooien omdat je je daarna vanzelf weer beter voelt.

'Waar ik me aan vasthoud als ik verdrietig ben,' zegt Humberto, 'is dat hun dood destijds ook als een opluchting kwam. Patrice en Steve waren allebei al heel lang heel erg ziek. Toen ze overleden werden ze eindelijk uit hun lijden verlost. Het was dus vooral verschrikkelijk voor ons, de nabestaanden, maar door hun ziektes was de dood op dat moment beter dan het leven. Dat leven was namelijk ondraaglijk geworden.'

'Geloof je dat ze nog ergens zijn?' vraag ik.

'Ik hoop het wel,' zegt hij zacht, 'maar als ik diep in mijn hart kijk, is het antwoord nee. Ik vergelijk doodgaan met slapen: als ik heel diep slaap, dan ben ik weg. Dus als ik dood ben, dan ben ik pas echt weg.'

'Maar dat is je bewustzijn,' zegt mijn moeder, 'maar er is ook nog je onderbewustzijn. Zou het niet kunnen dat daar toch een bepaalde energie is?'

'Ik hoop het,' zegt hij, maar aan zijn blik zie ik dat hij er hetzelfde in staat als George Michael: *There is no hope to speak of.*

'De vader van Antonie,' zegt mijn moeder, 'was er heilig

van overtuigd dat hij wel eens langskwam. Dan waren er plantenbakken omver gegooid in de tuin. Hij zag Antonie ook een keer in een hoek van de woonkamer.'

'Ik wil geloven dat er iets is, maar ik kan het niet,' zegt Humberto standvastig. 'Weg is weg.'

'Misschien,' zeg ik, 'heb je nooit contact met ze gehad doordat je er niet in gelooft. Dat mijn opa wel een soort contact met mijn vader had, doordat hij er wel in geloofde.'

'Dat zou heel mooi zijn.'

'Ben je daar niet jaloers op?' vraag ik. 'Op het geloof van andere mensen dat er meer is dan de dood?'

'Ik vind het geloof heel mooi, begrijp me niet verkeerd. Wat er heel mooi aan is, is dat het kan troosten. Dat mensen tijdens hun meest intense verdriet hoop kunnen putten uit een gebed of uit samenzang. Wie ben ik dan om te zeggen dat er niets is? Op de uitvaart van zowel mijn broers als mijn moeder werd een lied gedraaid van Manoushka Zeegelaar Breeveld, een Surinaamse zangeres. Het komt uit de musical *De koningin van Paramaribo*.' Humberto pakt zijn telefoon om het liedje op te zoeken. Ik vraag me af hoe vaak hij dit op een dag doet, zijn telefoon pakken en de liedjes opzetten waar hij toevallig aan moet denken. Ik snap nu hoe zijn dochter Julia aan haar omschrijving 'walking jukebox' komt op Instagram, ik vermoed dat de hele familie elkaar steeds bestookt met hun lievelingsliedjes. Uit de boxen klinkt de stem van een vrouw.

Als je gaat, denk niet dat ik je vergeet
Als je gaat, weet dat ik begreep hoe je leed
Ik zal je missen, een leven lang
Als je gaat, doe je dan voorzichtig?

Te y'e kot'abra
No denki mi o fergiti yu
Te y'e kot'abra
Mi sabi fa yu ben kot' na insey
Mi o mis yu
Her' mi libi
Te libi lusu yu
Waka nanga koni

Safri go na yandasey
Safri go na Gado sey
In' a dungru fu dede
Mi e begi yu no frede
Gado e luku yu
Gado sabi

Zachtjes ga je naar de overkant
Zachtjes met een laatste zucht
Je mag nu echt jezelf zijn
Zonder angst en zonder pijn
God waakt over jou
Laat nu los

A leti fu yu ati
Sa tyar' yu abra

'Dat laatste betekent: het licht van je hart zal je leiden,' zegt Humberto. 'Het lied heeft een religieuze ondertoon, maar ook los daarvan is het heel troostend. Ook voor mij als niet-gelovige. Steve was wel heel gelovig. Ik heb destijds met hem over euthanasie gesproken. Door een hersentumor kan je persoonlijkheid veranderen waardoor je op een gegeven moment niet meer jezelf bent. Maar toch wilde hij vanwege zijn geloof geen euthanasie. "Dat is voordringen in de hemel," zei hij daarover. Of je daar nu wel of niet in gelooft, het zegt veel over wie hij was: een goed mens. Het licht van zijn hart zal hem dus leiden, dát geloof ik, of er nou een hiernamaals bestaat of niet. Ik zou willen dat het er is, echt waar, maar ik voel het gewoon niet. Een leven na de dood is voor mij dat er na je dood nog over je gesproken wordt. Dan ben je namelijk niet dood. Dus ik praat over mijn moeder en mijn broers met mijn kinderen. Mijn oudste dochter Isa vindt het leuk dat ze op mijn moeder lijkt. Ze kan zich haar niet echt herinneren, maar er is een connectie doordat ik over haar heb verteld. Sinds kort zie ik Patrice ook regelmatig terug in mijn zoon Benjamin, hij kan op bepaalde momenten de blik van Patrice hebben. Dat is echt een cadeau dat ik dertig jaar na zijn dood nog krijg.'

'Weet je dat jouw moeder en mijn vader dezelfde sterfdatum hebben?' vraag ik.

'Is dat zo? Welke datum is dat?'

'6 oktober,' zeg ik verbaasd. 'Je kent de sterfdatum van je moeder toch wel?'

Hij moet lachen. 'Nee. Ik ben heel goed in data, maar sterfdata blokkeer ik blijkbaar want ik ken ze niet. Het zijn ook geen leuke data, dus waarom zou je ze willen herinneren? Het is een beschermingsmechanisme. Er is een uitspraak van Isabella Rossellini, een Italiaanse actrice: "Het geheim van geluk is een slecht geheugen." Waarom zou je je dingen willen herinneren die je somber of verdrietig maken? Wel weet ik al hun verjaardagen nog en ik denk extra aan ze tijdens de feestdagen. Vooral oud en nieuw werd bij ons thuis heel traditioneel gevierd. Dan aten we gezamenlijk, dan kwam mijn broer standaard te laat terwijl mijn moeder een gebed wilde voorlezen. "Waarom is hij er nog niet?" vroeg ze dan elk jaar en dan zeiden wij opnieuw: "Hij komt er heus zo aan, mam, maak je geen zorgen!" En dan was-ie er eindelijk en dan werd ze boos: "Waarom ben je zo laat?!" Maar als hij dan eenmaal aan tafel zat, was het weer goed. Zo ging het elk jaar. Elk jaar!'

Humberto lacht hard om het tafereel dat hij weer voor ogen heeft.

'Na de dood van mijn moeder was ik lange tijd niet meer in Nederland tijdens oud en nieuw, in het buitenland kon ik er een andere invulling aan geven. Pas sinds twee jaar zijn we thuis met de jaarwisseling, en dat vind ik nog best lastig.'

'Wij deden het andersom: we zochten het juist op,' zegt m'n moeder. 'We hebben een keer oud en nieuw gevierd bij Antonies graf. Tegen sluitingstijd hielden we ons heel stil in een hoekje van Zorgvlied, waarna we werden ingesloten. We dronken er champagne en staken een vuurpijl af.'

'Ik ga bijna nooit naar hun graven,' zegt Humberto. 'Ik zie ze liever levend in gedachten voor me.'

'Ik ga er ook niet zo vaak heen als ik zou willen,' zeg ik. 'Telkens als ik het van plan ben, houdt iets me toch tegen.'

'Begraafplaatsen zijn natuurlijk ook niet echt opbeurend,' zegt hij. 'Er is nog wel een andere plek waar ik heen zou kunnen. In de Bijlmer in Amsterdam is een plantsoen naar mijn moeder vernoemd, het Hilly Axwijkplantsoen. Zij zette zich in de Bijlmer in voor de emancipatie van Surinaams-Nederlandse vrouwen en kreeg op dat gebied behoorlijk veel voor elkaar. De flat waarin ik met haar woonde kijkt op haar plantsoen uit. Het is mooi dat het er is, ik laat het wel eens aan iemand zien als ik in de buurt ben. Dan voel ik me trots. Er staat ook een bankje met haar volledige naam erop: Hillegonda Justine Axwijk, met haar geboorte- en sterfdatum eronder. Het bankje staat voor een filiaal van een sportschool, waardoor er dagelijks mensen op haar bankje zitten om uit te puffen of om moed te verzamelen om naar binnen te gaan. Zo staat ze toch nog een beetje midden in het leven, ook al is ze ruim vijftien jaar dood. Maar zoiets zullen jullie ook voelen als het ergens over Antonie gaat. Als er een film van hem wordt uitgezonden op televisie of als een liedje wordt gedraaid op de radio.'

'Dat voel ik niet per se zo,' zegt mijn moeder. 'Hij leeft nog in mij, zo voel ik dat, niet door een plaatje dat op de radio wordt gedraaid.'

'Natuurlijk,' zegt Humberto. 'Boven alles leven onze geliefden door in ons, maar een paar weken terug toonde ik beelden van Antonie in mijn talkshow en dan zie ik hoe het publiek in de studio daarop reageert. Die kijken er heel vertederd naar. Waardoor hij er toch weer even is. Snap je dat?'

'Waarom liet je beelden van hem zien?' vraag ik.

'Vanwege OG3NE, die zongen "Toen ik je zag". Ze touren ermee langs de theaters. Wist je dat niet?'

Ik schud nee, mijn moeder zegt dat ze dat ook niet wist.

'Het is natuurlijk vooral een liedje van Guus Meeuwis,' zegt ze, 'dus daar bellen ze ons dan niet over.'

'Een liedje van Guus Meeuwis?' zegt Humberto haast verontwaardigd. 'Die heeft het alleen geschreven. Het liedje zit in ons collectieve geheugen dankzij Antonie. Als hij het zingt, dan meent hij het. Alleen als hij het zingt, voel je het.

Antonie heeft dat liedje naar een hoger plan getild, waardoor we er nog steeds naar luisteren en andere artiesten het nog steeds zingen.'

Ik pak mijn telefoon en toets op Spotify de naam OG3NE in, bovenaan hun lijst met liedjes staat 'Toen ik je zag'. Ook jukebox Humberto heeft het liedje opgezocht, er klinkt pianomuziek uit zijn speakers, gevolgd door een van de stemmen van OG3NE.

Ik dacht nooit aan morgen
Vandaag was lang genoeg
Totdat ik jou zag
En ik dacht ineens aan morgenvroeg

'Wat raar dat we dit nog niet eerder gehoord hebben,' zegt mijn moeder.

Ik hield niet van de liefde
Voor mij was er geen vrouw
Totdat ik jou zag
En ik hield zomaar ineens van jou

Ik merk dat ik toch weer een gevoel van trots voel. Zoals ik dat ook ervaar als het liedje opnieuw is gestegen in de *Top 2000*. Het voelt dan alsof hij er nog is, omdat mensen hem niet vergeten zijn en nog steeds over hem praten. En als er nog over je gepraat wordt, zei Humberto net, dan ben je nog niet dood.

DROMEN

ISA

In mijn meest realistische droom zit ik in de auto. Ik passeer een man die langs de kant van de weg op de grond zit, even stokt mijn hart in mijn keel. Ik kijk in mijn achteruitkijkspiegel en zie dat het Antonie is. Na korte twijfel over wat ik moet doen, keer ik om en open het portier. Hij stapt in. Zwijgend zit hij op de achterbank, zoals hij in de laatste maanden van zijn leven wel vaker zat te zwijgen. Thuis zeg ik dat hij moet douchen, want hij ziet er onverzorgd uit. Ik probeer te bedenken wat ik tegen de kinderen moet zeggen.

'Wisten jullie nog dat papa een paar maanden geleden dood was gegaan? Nou, verrassing: hij staat boven te douchen!'

Gelukkig werd ik wakker voordat ik dat tegen Merlijn en Vlinder moest zeggen. Mijn beste verklaring om deze droom te duiden is dat ik door het missen van Antonie mijn leven met hem te veel romantiseerde. Deze droom drukte me met de neus op de feiten: het was vaak niet zo leuk als ik het me wilde herinneren. De laatste fase van zijn leven was hij vooral stil, afwezig, depressief. Zou ik dat terug willen? Nee, natuurlijk niet. Ik wilde de leuke, vrolijke Antonie terug, niet de Antonie die in die droom zwijgend op de achterbank zat.

Maar dat is wel de Antonie die hij geworden was. De droom was dus een wake-upcall: concentreer je op het leven nu – met je twee kinderen – en blijf niet te veel hangen in leuke momenten die voorbij zijn gegaan. Want die waren al veel langer voorbij dan ik mezelf wijsmaakte. En terwijl ik me meer begon te focussen op het nu en Antonie niet langer romantiseerde, begonnen mijn dromen te veranderen. Niet langer de minder leuke kanten van onze relatie kwamen voorbij in mijn slaap – op den duur heb je al je ongeluk en verdriet blijkbaar wel verwerkt in je dromen – maar de leuke Antonie keerde terug. De man op wie ik verliefd werd en die lachte, danste en zong. Als ik dan wakker werd had ik het idee dat hij even langs was geweest. En waarschijnlijk was dat ook zo, maakte ik mezelf wijs. Want dat is wel zo romantisch.

AFLEIDING

MERLIJN

Na de dood van mijn vader heb ik in mijn herinnering meer vervelende dagen gekend dan leuke. Toch lachte ik bijna elke dag. Niet zozeer door de dingen die ik meemaakte of waaraan ik dacht, maar door de afleiding die ik zocht. Afleiding is overal te vinden, als je maar zoekt. Dat kan in het theater zijn, in een boek of in een fantasie waarin je precies het leven leidt dat je wilt leiden met precies iedereen die je om je heen wilt hebben. Op de dagen dat mijn fantasie me in de steek liet bracht de dvd-speler van mijn moeder uitkomst. Daarop keek ik elke avond naar het beste wat ooit door de Nederlandse televisie is gemaakt: *De Lama's*. Alle seizoenen hadden we in een dvd-box zitten, elke avond zocht ik een andere aflevering uit. Mijn moeder en zusje keken en lachten dan vaak mee, totdat we in slaap vielen en even niet aan papa of zijn afwezigheid hadden gedacht. Uiteindelijk werd de afleiding een routine: we konden niet meer slapen zonder de televisie aan. Nog steeds heb ik de televisie aanstaan als ik 's avonds in slaap val. Lama's Ruben, Tijl, Jeroen en Ruben heb ik inmiddels ingeruild voor de vrienden Chandler, Joey, Ross, Monica, Phoebe en Rachel, maar het effect is hetzelfde: na een dag waarop er weinig te lachen is en die ik het liefst zo snel mogelijk wil vergeten, vergeet ik alles om me heen als ik het vertrouwde paarse appartement weer zie en neerplof op de oranje bank van het koffiehuis waar ik me welkom en veilig voel.

So no one told you
Life was gonna be this way
Your job's a joke
You're broke
Your love life's DOA

It's like you're always stuck in second gear
When it hasn't been your day, your week, your month
Or even your year
But...

I'll be there for you
When the rain starts to pour
I'll be there for you
Like I've been there before
I'll be there for you
'Cause you're there for me too

You're still in bed at ten
And work began at eight
You've burned your breakfast
So far things are going great

Your mother warned you there'd be days like these
But she didn't tell you when the world has brought you
Down to your knees, that...

I'll be there for you
When the rain starts to pour
I'll be there for you
Like I've been there before
I'll be there for you
'Cause you're there for me too

FASES

ISA

Heel veel psychiaters wereldwijd hebben zich verdiept in rouwverwerking en hebben die ingedeeld in fases. Er wordt daarbij vooral uitgegaan van de vijf fases volgens de Amerikaanse rouwtherapeut Elisabeth Kübler-Ross:

1. Ontkennen
2. Woede
3. Vechten/onderhandelen
4. Depressie
5. Aanvaarden

Uiteraard heb ik me daar de afgelopen jaren uitvoerig in verdiept om een beetje in te kunnen schatten hoe het met me gaat, maar ik ben er niet veel wijzer van geworden. Ik heb de dood van mijn man nooit ontkend en ik ben er ook nooit depressief van geraakt: ik moest immers door vanwege mijn twee kinderen, waardoor ik het mezelf nooit heb gegund om écht toe te geven aan basale gevoelens die blijkbaar bij rouw kunnen horen. Het grotendeels onderdrukken ervan leek mij altijd de beste manier om door te kunnen gaan. Een paar weken geleden kwam er toch iets naar boven. 's Avonds zat ik in mijn eentje aan tafel en dacht na over dit boek en dat ik dit met Merlijn aan het schrijven ben. Ik dacht eraan hoe trots ik op hem ben, hoe mooi het is om dit met hem te maken en tegelijkertijd hoe verschrikkelijk de aanleiding is: het verlies van Antonie. Ik moest opeens zo hard huilen, dat had ik in tijden niet gedaan. Ik zag de tranen letterlijk van mijn wangen vallen en uiteenspatten op de vloer. Ik besloot daarom om het ditmaal niet te onderdrukken en me er volledig aan over te geven. Ik pakte zijn foto's erbij en zette het liedje 'Toen ik je zag' op, dat ik dankzij Humberto Tan eindelijk als Antonies liedje durf te zien. Ik weet niet binnen welke fase zo'n huilbui past, ruim tien jaar na zijn dood. Ik denk ook niet dat dat belangrijk is. Fases zijn er om mensen houvast te geven als ze die niet voelen, maar dat heb ik niet nodig gehad. Voor mij waren de kinderen mijn houvast en was ik dat voor hen. Ook bij Merlijn en Vlinder heb ik nooit een bepaalde fase kunnen herkennen, ze waren er simpelweg te jong voor om heel bewust te rouwen en nu ze oud genoeg zijn om in te zien wat de dood van hun vader voor gevolgen heeft op de rest van hun leven is er ook geen sprake van fasering. Meer van een heel intense baalbom die zeurend tikt in hun hoofd en om de zoveel tijd heel onverwachts afgaat. Ik geloof niet dat daar een bepaalde fase bij hoort, want fases hebben een begin en een eind. Deze baalbom tikt altijd een beetje door, al hoop ik dat-ie steeds minder goed hoorbaar wordt.

MERLIJN

Het klinkt als een vreemde fase in de rouwverwerking: vechten. Alsof je vol opgekropt verdriet de straat op gaat om aan een willekeurige voorbijganger een klap uit te delen, maar dat is niet wat er met deze fase bedoeld wordt. Vechten betekent hier een gevecht aangaan met jezelf of met iets groters dan jezelf. Je gaat bijvoorbeeld proberen een groot bedrag op te halen voor een goed doel (voor kankerbestrijding bijvoorbeeld als een geliefde daaraan overleden is) of je stelt een doel op voor jezelf: afvallen, stoppen met roken, een marathon lopen. Dan heb je weer iets om voor te leven als de dood je levensgeluk in de weg zit. Ik ging zelf fanatiek naar de sportschool de afgelopen jaren, maar dat had wellicht meer met verveling en algehele lamlendigheid te maken. Toch ben ik onlangs mijn eigen gevecht aangegaan: als ik uit de sportschool kom, ga ik niet meer naar de coffeeshop maar linea recta naar huis. Tijdens het schrijven van *Nu ik je zie*, mijn vorige boek, kreeg ik namelijk een belangrijke levensles van mijn vader cadeau. Hij bleek mee te hebben gedaan aan het televisieprogramma *Beroemde ouders*, waarin bekende mensen werd gevraagd naar de wijze waarop ze hun kinderen opvoeden. Mijn vader vertelde in dat programma dat hij hoopte dat ik nooit zou gaan blowen, het effect daarvan is volgens hem dat je afgestompt raakt. Ik herkende het gevoel dat hij beschreef precies. Als ik 's morgens wakker werd, zag ik nooit heel veel redenen om mijn bed uit te komen. Als ik iets leuks wilde bedenken om te doen, kwam ik nooit verder dan de dingen die ik de afgelopen dagen al deed: naar de sportschool en de coffeeshop. Door mijn vader begon ik het verband te zien: ik was afgestompt. Ik ging het gevecht aan, waardoor ik nu niet meer dagenlang stoned op de bank hang. Door niet meer zo veel te blowen heb ik veel meer energie. Daardoor ben ik dit boek gaan schrijven en probeer ik met mijn zusje een kledingmerk op te starten. Ik volg daar cursussen voor en praat met professionals die weten waar we moeten beginnen en hoe we onze doelen kunnen bereiken. Af en toe rook ik nog wel een jointje omdat het me helpt ontspannen, maar nu het geen dagelijkse gewoonte meer is geniet ik er echt van. Als ik met vrienden ben, maken we er iets gezelligs van en praten we en lachen we veel; voorheen lagen we als een stel stonede apen naar onze telefoons te staren en spraken we nauwelijks met elkaar. Ik ben mijn vader dankbaar dat hij tien jaar na zijn dood mijn ogen opende en ik ben trots op mezelf dat ik het gevecht ben aangegaan. In het rijtje van fases komt mijn overwinning misschien wat laat, maar dat vind ik niet erg. Ook als je pas jaren later een gevecht wint, ben je nooit echt verloren.

ISA

Een belangrijke fase in de rouwverwerking is volgens de experts woede: fase twee. Neem het jezelf dus absoluut niet kwalijk als je af en toe eens flink onredelijk en buitensporig pissig bent: dat is doodnormaal. Ik ben dat nauwelijks geweest, het enige waar ik al rouwend boos om ben geworden, is dat ik maar niet boos kon worden. Wat lijkt het me heerlijk om af en toe eens lekker onredelijk kwaad en bovenmatig boos te kunnen zijn. Boos op de dood, boos op het leven. Boos op Antonie en op mezelf, op depressies en op eenzaamheid, boos op liefde en verlangen, boos op iedereen die wel met iemand samen is en boos op mezelf dat ik maar niet boos kan worden. Want het zit gewoon niet in me. In een opwelling heb ik na zijn dood wel eens iets onredelijks tegen hem geroepen op een moment dat ik even niet meer wist hoe ik alles in m'n eentje moest regelen. Maar het volgende moment had ik alweer meer met hém te doen dan met mezelf, want voor hem konden zelfs de lichtste momenten loodzwaar zijn, bij mij zijn dat alleen de loodzware.

Toch ben ik op advies van een vriend eens gaan boksen om eventuele onderdrukte woede en frustraties eruit te rammen op een boksbal. Maar ik voelde er niets bij. En zonder woede en frustraties voelde het alleen maar heel onnodig om die boksbal ervan langs te geven. Daar ben ik dus weer snel mee gestopt. Wat wel effect bleek te hebben, was yoga. Ik ontmoette een paar jaar na Antonies dood een yogadocent die zei dat hij 'me ergens doorheen ging duwen'. Ik lag dubbelgevouwen op de grond, waarna hij druk uitoefende op een bepaalde spiergroep in mijn rug. Ik wilde net vragen of hij daar alsjeblieft mee wilde stoppen, toen ik mentaal brak: ik moest enorm huilen. Hij had me dus letterlijk ergens doorheen geduwd: een enorme lading ingehouden verdriet kwam eruit. Hij schrok enorm, maar ik stelde hem gerust; zo'n enorme huilbui had ik al zo lang niet meer gehad. En ik wist dat ik dat nodig had, dat een bepaalde frustratie eruit moest. Als dat niet in woede lukt, dan maar in verdriet. Want of het je nu wel of niet lukt om boos te worden, het is waarschijnlijk ingehouden verdriet dat daaraan ten grondslag ligt.

NAWOORD

ISA

Hopelijk heb je iets aan dit boek gehad. Tips, suggesties, steun of gewoon de wetenschap dat je niet de enige bent die zich zo verschrikkelijk heeft gevoeld of nog steeds voelt. Al zie je dat nu misschien nog niet: dat gevoel wordt écht minder. Op den duur zul je merken dat je een geliefde nog net zo mist als voorheen – of misschien wel nóg meer – maar het wordt wel draaglijker. De rouw wordt op den duur minder rauw. Maar dat gebeurt niet zomaar, je moet daar ontzettend je best voor doen. Je moet door je pijn heen, door het donkerste donker dat je kent, want alleen dan ga je weer een beetje licht zien. En al ben je niet alleen: je zult dat grotendeels wel in je eentje moeten doen. De makkelijkste methode om door een rouwproces heen te komen, lijkt die met veel feestjes, wijn en vrienden. Maar zo werkt het helaas niet, daarmee stel je het verdriet alleen maar uit. Dat heb ik met eigen ogen bij mijn zoon zien gebeuren. Op het moment dat hij me vertelde dat hij zich in zijn vader wilde gaan verdiepen – en er op die manier ook achter wilde komen wat hij aan hem miste – wist ik dat hij het heel zwaar zou gaan krijgen. Ik was vastberaden voor hem klaar te staan als hij me nodig had, maar tegelijkertijd wist ik ook dat ik afstand moest houden, dat het zijn eigen rouwproces moest zijn. Dat is nu zo'n twee jaar geleden en wat ben ik ongelooflijk trots op hem. Ik heb een jonge jongen een man zien worden. Een man die niet meer bang en onzeker is, maar met een rechte rug door het leven gaat. Ik gun dat iedereen. Ook jou. Heb dus lol, vier het leven, geniet van grote en kleine dingen. Maar loop jezelf ondertussen niet voorbij. Doe af en toe een pas op de plaats, want het is niet niets wat je hebt meegemaakt: het is een wond die af en toe wat verzorging nodig heeft. Niet met pleisters of verband, maar met muziek, tranen, foto's en mooie herinneringen die je in de loop van de tijd meer dankbaar dan verdrietig zullen maken. Die verzorging moet je alleen doen – met de gordijnen dicht en de deur op slot – maar afleiding kun je gelukkig wél bij vrienden vinden. Zij zullen je het gevoel geven dat je er, ondanks het eenzame proces, niet alleen voor staat. Dat kan door veel met ze te praten over je verdriet of te lachen om de mooie herinneringen. Of door dat juist helemaal niet te doen. Want dat is ook goed: er even helemaal níet mee bezig zijn. Want je hoeft niet altijd aan te geven waar je pijn zit en hoeveel je huilt, echte vrienden weten dat heus. Vraag in plaats daarvan ook eens hoe het met hun pijn gaat. Want al lijkt de hele wereld stil te staan sinds jouw geliefde er niet meer is, de levens van jouw vrienden gaan gewoon door. En ook zij hebben daarin te maken met tegenslagen, met angsten en met onzekerheid. Praat ook daar met ze over. Dat maakt jou niet alleen tot een betere vriend, het maakt jouw wereld ook groter. Want je bent niet de enige die het zwaar kan hebben. En al gun je dat niemand, toch geeft het troost. Het laat je opnieuw voelen: je bent niet alleen!

MERLIJN

Het beste en het moeilijkste wat ik de afgelopen jaren heb gedaan, is rouwen. Te lang ging ik het uit de weg, waardoor ik in rondjes bleef lopen omdat ik steeds een muur tegenkwam waar ik niet overheen durfde te klimmen. Toen ik dat toch deed zag ik dat er achter die muur nog heel veel leuks en mooois te beleven valt. Om dat te kunnen zien, heb ik me vreselijk moeten voelen. Heb ik mezelf opgesloten, me radeloos gevoeld, heb ik gescholden en gejankt. En ook gemerkt dat ik me na iedere huilbui steeds een stukje lichter voelde. Ik baalde er zelfs van dat ik het niet veel eerder ben gaan doen: huilen om mijn vader, hem aankijken op foto's en hem uiteindelijk een plek geven. Nog steeds weet ik niet precies waar die plek is en nog steeds laat hij zich daar niet netjes door me opsluiten omdat hij zich om de zoveel tijd weer diep in mijn gedachten nestelt en me enorm kan laten huilen. Maar steeds vaker word ik ook blij van hem. Omdat hij een leuke man was. En cool was. En vooral omdat hij mijn vader was. Die ook niet wist hoe het leven werkte en welke rol hij daarin moest vervullen, maar die dat wel lange tijd geprobeerd heeft. Daarom doe ik dat nu ook. Want het heeft geen zin om de dood je leven te laten vergallen en het heeft ook geen nut om te lang aan een geliefde vast te houden als die geen levend onderdeel van je leven meer is. Voel je niet schuldig om dóór te gaan met je leven, want je bent het juist aan een overledene verplicht om te gaan leven: de meeste doden zouden dat ook dolgraag gaan doen. Wees dus blij dat jij er nog wel bent, wees dankbaar dat die ene ziekte jou niet trof en geniet van alles wat er te leven en te beleven is. En denk daarbij af en toe even lekker aan degene die je zo mist. Want dan is die persoon bij je en dus niet dood. Dood is die pas als jij diegene bent vergeten.

Als ik doodga, huil maar niet
Ik ben niet echt dood moet je weten
Het is maar een lichaam dat ik achterliet
Dood ben ik pas als jij me bent vergeten

En als ik doodga, treur maar niet
Ik ben niet echt weg moet je weten
Het is de heimwee die ik achterliet
Dood ben ik pas als jij dat bent vergeten

En als ik doodga, huil maar niet
Ik ben niet echt dood moet je weten
Het is het verlangen dat ik achterliet
Dood ben ik pas als jij dat bent vergeten

Dood ben ik pas als jij me bent vergeten

BRAM VERMEULEN, 'Testament'

Alle liedjes uit dit boek zijn verzameld in een playlist op Spotify. Scan de code en luister.